별☆종의 기원

부끄러움을 과거로 만드는 직진의 삶

별 ★ 종의 기원

박주민 말하고 이일규 엮음

—

**부끄러움을
과거로 만드는
직진의 삶**

| 차례

열심히 살면 부끄러움은 과거가 됩니다

처음 책을 내자는 제안을 받았을 때 흔쾌히 하겠다고는 하지 못했습니다. 앞으로 어떤 인생을 살지도 모르는 상태에서 '나 이렇게 살아왔소' 하는 것이 나중에 매우 부끄러운 일이 될 수도 있다고 생각했기 때문입니다. 또 그렇게 내세울 만한 삶을 살아왔다고 자부하기도 어렵고 말입니다. 그런데 왜 정치를 하게 되었는지 사람들에게 알리면 좋겠다는 의견들이 많아서 고민 끝에 책을 내게 되었습니다. 또 개인적으로는 한 번쯤 살아온 이야기를 정리해두고 싶다는 욕심도 있었습니다. 모쪼록 미래에 대해 고민하고 있을 젊은 분들에게 조그만 도움이라도 될 수 있었으면 합니다.

제 삶을 간단히 살펴보면

1. 철부지 어린 시절(초등학교 2학년 1학기 때까지)

2. 책 읽는 것과 공부하는 것에 재미를 붙여가는 개구쟁이(초등학교 2학년 2학기부터 초등학교 6학년까지)

3. 공부를 잘하고 공부만 잘하면 된다고 생각했던 이기적인 범생이 시절(중학교와 고등학교 그리고 재수생 시절)

4. 범생이 시절 망가진(?) 모습을 회복하기 위해 닥치는 대로 이것저것 해보던 방황의 시절(대학교 시절)

5. 사회진출을 준비하던 시절(군대 시절, 고시생 시절 그리고 사법연수원 시절)

6. 그동안의 삶에서 찾은 방향대로 살려고 돈 버는 일과 공익적 일을 병행했던 시절(로펌 시절)

7. 미래에 대해 걱정은 되지만 좀 더 바라는 방향대로 살아보려 매진하던 시절('법무법인 이공'을 만들고 민변에서 상근하던 시절과 세월호 가족 분들 옆에 있던 시절)

8. 고민 끝에 생경한 영역으로 들어와서 아등바등 적응해 가려는 시절(입당 후 지금까지)로 구분해볼 수 있을 것 같습니다.

여기에 하나 더한다면 정권교체가 된 지난 5월 9일 이후 (9단계)입니다.

1단계 때는 아무 걱정도 없었던 것 같습니다. 동네에서 아이들과 함께 불장난, 서리 등 작은 도둑질을 하면서 자연 속에서 마음껏 뛰어놀았습니다. 제게는 좋은 기억이 많을 때여서 혹시 제가 아이를 갖게 된다면 이때처럼 키우고 싶을 정도입니다. 동네 모든 아주머니가 어머니처럼 밥 챙겨주고, 손발톱 깎아주고, 씻겨주던 기억도 납니다. 이때는 마을 이웃의 얼굴과 이름을 다 알고 있었기에 익명성이라는 것이 없던 시절입니다. 다소 불편한 것도 있었겠지만 어렸던 저에게는 신뢰할 수 있는 사람들로 둘러싸인, 아무 두려움이 없는 공간으로 기억됩니다. 최근 아파트에 살기 시작하였는데 바로 옆집에 누가 사는지도 알기 어려운 이 익명의 공간, 밤에 누가 뒤에서 걸어와도 움찔하게 되는 불안의 공간인 마

을을 예전과 같은 모습으로 바꾸면 어떨까 하는 상상을 하
기도 합니다.

2단계 때는 육체적 놀이가 아니라 지적인 탐구가 매우 재
밌었던 것 같습니다. 백과사전을 펴놓고 읽는 것도 재미있
었는데 예를 들어 폭탄을 찾아서 읽으면서 그 설명에 나오
는 모르는 다른 단어들을 다시 백과사전에서 찾으면서 읽
어나가는 것입니다. 그러면서 잡다한 지식이 제 머리에 쌓이
고 그것으로 세상이 조금씩 설명되는 느낌이 너무 좋아서
무거운 백과사전을 들고 학교에 가기도 했습니다. 마을 경로
당에 조그만 도서관이 있었는데 학교 끝나고 매일 찾아가
서 여러 책을 읽기도 했습니다. 서로 누가 책을 많이 읽느냐
를 가지고 경쟁하던 친구가 있어서 더 많은 책을 읽었던 기
억이 납니다. 관심 가는 어린이·청소년 책을 다 읽고 나서는
어른들이 읽는 《삼국지》도 읽었는데 모르는 단어가 나오면
사전을 찾아가면서 읽었습니다. 이때 몸에 익힌 책 읽는 습
관이 이후 공부를 하는 데 많은 도움이 되었을 뿐만 아니라
대학 이후에도 저 자신의 고민을 깊게 하거나 해결하는 데

도 매우 유용하였습니다. 대학 때 수업에는 잘 들어가지 않았지만 매일 아침에 두 시간씩 도서관에 가서 꼭 책을 읽었는데 사회에 대한 고민을 깊게 하는 데 큰 도움이 되었습니다.

3단계는 4단계에 대한 묘사에서도 볼 수 있듯이 별로 좋게 생각하지 않았던 시절입니다. 지금에서야 다 필요한 과정이었다고 위안을 하기는 합니다. 중학교 들어가서 첫 시험에서 전교 2등을 하게 되는데 이때 이후 저는 공부의 즐거움이 아니라 성적과 등수를 위해서 공부하게 됩니다. 사실 즐거움이 없고 고통과 인내만 있던 시절이었습니다. 건강도 자주 상해서 중학교 2학년 때부터 대략 1년간 장염을 달고 살았을 정도입니다. 고등학교 시절에도 지나치게 공부하다 2학년 2학기부터 3학년 내내 건강이 나빠져서 많은 고생을 해야 했습니다.

4단계는 격정과 혼란, 방황과 모색의 시기였던 것 같습니다. 3단계에서 친구 등 주변 사람과 교류하는 것을 극히 줄였고, 화, 슬픔 등 공부에 방해되는 모든 감정을 애초에 느끼지 않으려 한 저는 대학이라는 열린 공간에 놓이자 매우 혼란스러웠습니다. 할 수 있는 것은 아무것도 없는 무능력한 저 자신을 보면서 많은 자괴감이 들었습니다. 아주 잠깐 '차라리 계속 공부하자'라는 생각도 들었지만 그렇게 하지 않고 그동안 하지 않았던 경험까지 합해서 더욱 많은 경험을 해보자고 결론을 내린 뒤 이것저것 안 해본 것이 없을 정도로 바쁘게 살았습니다. 젊은 시절이었던 만큼 연애에 대한 쓰기도 하고 달기도 한 기억들도 많이 있습니다.

5단계는 다른 영역에서의 활동을 위해 준비하는 시기였습니다. 5년간의 학생운동을 마치고 군대에 갔습니다. 병역 특례업체에서 근무해보려고 정보처리기사 자격증을 땄으나 취업이 여의치 않았습니다. 그래서 급하게 공군 학사장교시험을 봐서 장교로 군복무를 하였습니다. 구체적으로는 헌병대 경비소대장이었습니다. 소대장 생활을 하면서는 병영문화를 개선해보려 많은 노력을 했는데 소대원들 간의 평등한 근무와 작업 배분 등이 그 핵심이었습니다. 그리고 이를 관철하기 위해서 근무 나가 있는 상황을 살피기 위한 순찰을 매일 빠짐없이 돌았고, 작업의 경우도 항상 제가 솔선수범하여 나섰습니다. 또 규칙을 어기는 사람에 대해서는 엄한 태도를 취했습니다. 차츰 소대의 분위기가 바로 잡혀갔습니다. 그런데 문제는 제 엄한 태도로 말미암아 대화가 줄고 새로 들어온 사병들의 경우 제 취지는 전달이 안 되고 그냥 무서운 소대장으로만 인식되었다는 점이었습니다. 나중에는 이런 측면에서 불만도 상당히 많았다고 합니다. 저로서는 사람들을 어떻게 대해야 하는지에 대해 많은 고민을 갖게 하는 경험이었습니다.

고시 공부를 할 때는 정말 열심히 했습니다. 제대하고 나니 나이가 서른 살이었는데 그 당시 대기업들이 대부분 나이제한을 30세 정도로 두고 있을 때였습니다.

"괜히 고시 준비한다고 취직도 못하게 되는 것 아니냐?"

대학시절 고시공부를 하지도 않았고, 성적도 시원치 않았던 터라 부모님 걱정이 이만저만이 아니었습니다.

"걱정 마세요. 딱 한 번만 도전해보고 안 되면 그만둘게요."

사실 저로서는 대학을 졸업할 무렵에 변호사라는 자격을 가지고 사회운동을 하겠다는 결심을 한 바 있기에 도전을 해보고 안 되면 사회단체에 들어갈 생각을 가지고 있었습니다. 딱 한 번의 도전이고, 목표의식이 분명했기에 시간이 너무 아까웠습니다. 있는 힘껏 공부를 했는데 다행히 군대에서 꾸준히 운동을 한 덕에 체력적으로는 전혀 문제되지 않았습니다. 제대 후 첫 도전에서 1차에 합격했고, 그 다음해에 2차에 합격했습니다. 연수원에 들어간 이후에는 원래 생각대로 공익적 일을 하는 변호사가 되기 위한 준비에 힘을 쏟고 연수원에서 시키는 공부에는 큰 관심을 갖지 않았습니다. 인권법학회라는 학회가 있었는데 회장을 맡아서 여러 활동을 하였고, 민변이나 참여연대 등 공익적 활동을 하는 선배 변호사들을 자주 찾아다니면서 뵈었던 기억이 납니다. 당연히 성적은 좋지 않았습니다. 마지막 연수원 성적표는 교수님이 직접 연수하는 곳으로 찾아와서 나누어주는 관행에 따라 교수님으로부터 직접 전달받았지만 성적표를 열어볼 엄두를 내지 못했습니다.

"교수님. 제가 졸업은 가능한가요?"

제 질문에 교수님은 혀를 끌끌 차면서 퉁명스럽게 대답하셨습니다.

"네 밑에 세 명은 있다."

　6단계는 엄청나게 일을 많이 하며 지낸 시기였습니다. 제가 다녔던 로펌은 회사에서 시키는 일을 하고 나서는 공익적 일을 마음대로 할 수 있는 곳이었습니다. 그곳에서 많은 소송 실무와 법률지식을 배웠습니다. 공익적 소송을 할 기회를 회사 차원에서 주기도 하고 민변이나 참여연대 활동을 권하기도 하는 분위기였기에 공익적 일을 하기 좋았습니다. 물론 공익적 일을 한다는 이유로 회사에서 시키는 일을 줄여주지는 않았기에 전체적으로 일은 매우 많았고 회사에서 밤을 지샌 적도 부지기수였습니다. 제가 변호사 2년차 때 너무 피곤해하니까 선배 변호사가 저를 데리고 스포츠 마사지를 받으러 간 적이 있습니다. 선배 변호사의 몸을 만져본 마사지사가 놀라며 말했습니다.

　"어이구 이렇게 근육이 뭉쳐서 어떻게 다니셨어요?"

　이어 제 몸을 만져보더니 머리를 절레절레 흔들었습니다.

　"이건 산 사람의 몸이 아닌데!"

　그러나 이곳에서 익혔던 여러 지식은 이후 제가 변호사로 생활하는 데 상당한 도움이 되었습니다. 또 저로서는 매우 소중한 인연을 만난 곳이기도 한데 제 짝궁은 바로 이 회사에 실무수습을 나온 사법연수원생이었습니다. 실무수습을 핑계로 여러 일을 주고 늦게 퇴근하는 짝궁을 데려다주면서 자연스레 친해질 수 있었습니다. 이후 짝궁은 연수원을 마치고 민주노총법률원에 들어가 전교조로 파견되어 지금까지 전교조에서 상근으로 일하고 있습니다. 공익적 활동을 하는 희생적인 모습에 항상 존경하는 마음을 가지고 있습니다.

7단계와 8단계는 이 책에서 어느 정도 소개되고 있으므로 여기서는 특별히 더 언급하지는 않으려 합니다. 다만 책에서는 자세히 다루지 않은 공익소송에 어떤 것이 있었는지 소개해보려 합니다. 시간순서도 아니고 가나다순도 아닙니다. 글 쓰면서 생각나는 대로 적어봅니다.

G20 쥐그림 사건, 밀양송전탑 관련 경찰의 통행방해 손해배상청구사건, 김어준·주진우의 박근혜 5촌간 살인사건 의혹보도에 대한 명예훼손 사건, 국정원 대선개입 사건(고발담당),

국정원의 원격조정시스템RCS 의혹사건(고발담당), 채동욱 검찰총장 개인정보 불법취득 관련 고발사건, 차벽 위헌사건, 영화등급분류 중 제한상영가등급분류기준 위헌사건, 야간집회금지위헌사건, 야간시위금지위헌사건, 통신사의 통신자료제공위법손해배상청구사건, 제2차민중총궐기금지통고집행정지사건, 백남기 어르신 관련 고발 및 국가상대 손해배상청구, 직사살수 위헌, 살수차 CCTV촬영 영상 증거보전처분, 세월호에서 건진 노트북에 대한 증거보전(국정원 지적사항 문건), 선체 내부 CCTV영상저장장치에 대한 증거보전, 진도VTS 보유 항적에 대한 증거보전, 최루액혼합살수 위헌소송, 최루액혼합살수에 대한 국가배상청구, 희망버스 참가자들을 위한 변론, 제주해군기지 건설 관련 절대보전지역해제무효확인사건, 평택 미군기지 이전 당시 경찰의 통행방해에 관한 손해배상청구사건, 이하 작가의 박근혜 풍자포스터 및 전두환 풍자포스터 사건, 박성수의 검찰 앞 항의 퍼포먼스 사건, 〈천국의 전쟁〉·〈자가당착〉 등 영화등급분류 사건, 강기훈 유서대필 사건 재심청구사건, 박원순을 상대로 한 국정원의 손해배상청구사건, 경찰의 교통CCTV를 이용한 집회감시 관련 증거보전, 서울시 간첩조작사건 관련 검찰 고발 사건, 양심적 병역거부자를 처벌하는 병역법 위헌소송, 광우병 위험 미국산 쇠고기 수입반대 집회 주최자를 상대로 국가가 제기한 손해배상청구소송, 한일군사정보보호협정에 관한 정보공개소송, 쌍용자동차해고무효소송, 밀양송전탑건설반대 활동가를 위한 형사변론, 광우병 위험 미국산 쇠고기 수입 반대 촛불집회 참가자 및 국민운동본부 구성원들을 위한 형사변론, 용산대책위 구성원을 위한 형사변론, 한미FTA반대 집회 참가자들을 위한 형사변론, 장애인 이동권 연대 등 장애인권활동가들을 위한 변론, 콜트콜택 노동자들 및 공장점거를 했던 예술가들을 위한 변론, 민중총궐기 참가자들을 위한 변론, 평택 미군기지 이전 반대 활동가들을 위한 변론, 강정마을 해군기지 건설 반대 활동가들을 위한 변론….

제가 제기했던 소송들은 크게 집회의 자유를 중심으로 한 표현의 자유 관련 소송과 국가기관에 의한 인권침해 사안에 대한 방어와 공격이 주를 이루고 있습니다. 반면 노동 관련 소송들은 많지는 않습니다. 그러나 노동자들이 자신의 권리를 주장하기 위해 집회나 시위를 할 때 그와 관련된 많은 소송을 하면서 간접적으로 노동 관련 사안을 접해왔고, 노동자들과 지속적으로 관계를 맺어왔습니다.

  9단계는 이 책에는 전혀 담겨 있지 않은 부분일 것입니다. 제가 이 머리말을 쓰고 있는 시점은 정권교체 후 채 1주일이 안 된 때입니다. 많은 사람이 희망을 이야기하고 있습니다. 심지어 매일매일 뉴스를 보는 것이 즐겁다고 할 정도입니다. 실제로 분위기 면에서는 많이 달라진 것 같습니다. 소통하려는 문재인 대통령의 노력으로 이전과 다른 분위기가 물씬 풍겨나고 있습니다. 세월호 희생 기간제 교사들에 대해 순직 인정이 이루어지는 등 실질적인 변화도 나타나고 있습니다. 이런 좋은 상황과 분위기가 계속 이어졌으면 합니다. 그렇게 되기 위해 저도 열심히 해야겠다고 다짐하고 있습니다. 그리고 개인적으로는 앞으로의 정치는 어떠해야 하는가에 대한 고민도 시작되었습니다. 여당 의원으로서는 어떤 역할을 해야 하는가도 고민입니다. 이 책이 출간될 무렵에는 위 고민에 대한 해답, 아니 그 실마리라도 찾을 수 있었으면 합니다.

제 6, 7단계의 삶을 보고 사람들은 제가 희생을 하면서 살아왔다고 생각하는 경향이 있습니다. 그래서 이런 질문을 많이 받습니다.

"좋은 대학 나왔고 사법고시도 붙어 변호사가 됐는데 왜 그렇게 사는 겁니까?"

그런데 전혀 그렇지 않습니다. 저는 제가 매우 욕심껏 살아왔다고 자평합니다. 많은 사람은 자신이 진정으로 원하는 것이 무엇인지를 잘 모르거나 알더라도 자신이 원하는 것이 아니라 다른 사람이 보기에 그럴듯해 보이는 삶을 살아갑니다. 그러나 저는 제가 원하는 것이 무엇인지를 탐구해왔고, 현재는 제가 생각하기에 제가 원하는 것이라고 여겨지는 것을 달성하기 위해 매진하고 있습니다. 그러니 뭔가를 위해서 희생하는 것이 아니라 오히려 제 욕심껏 살고 있는 것입니다.

물론 저 역시 어렸을 때 특히 공부를 잘해서 칭찬을 받기 시작한 후로부터는 그 칭찬과 기대에 부응하는 것만을 생각했지 제가 진정으로 원하는 것이 무엇인지는 고민하지도 못했습니다. 대학에 들어온 후 농촌, 철거촌, 공장 등을 다니면서 많은 사람을 만나고, 꾸준한 독서와 토론을 하면서 사람들과 함께 다른 사람들을 위해서 움직일 때 제가 제일 즐거워한다는 것을 알게 되었습니다. 이후 저는 약간의 부침이 있기는 했지만 최대한 그런 방향에 부합하는 삶을 살고자 했습니다. 제가 원하는 방향으로 걸어간다는 느낌은 저로 하여금 많은 힘을 낼 수 있게 만들었습니다. 그동안 어려운 일도 많았고 때로는 외롭기도 했지만, 그 길을 걸어갈 수 있게 만드는 원동력이었습니다. 그래서 사법시험도 상대적으로 짧은 시간에 합격할 수 있었던 것 같습니다. 많은 청년들에게 제가 꼭 드리는 말씀은 '본인이 무엇을 진정으로 원하는지 알아보는 시간과 기회를 가져보고, 그렇게 알게 된 자신의 진정한 욕심을 이루기 위해 살아보라'라는 것입니다.

저보다 몇 년 위 대학 선배들이 대학 다닐 때는 구속전력이 있어도 취직하는 데 큰 문제가 없어서 구직이라는 측면에서는 여유가 있었습니다. 그러나 지금은 작은 여유마저도 사치가 되고 있는 절박한 상황에 처한 청년들에게 위와 같은 말은 무책임한 소리로 들릴 수도 있겠습니다. 그러나 너무 바쁜 일상 속에 그리고 미래를 준비하는 숨 가쁜 생활 속에 정작 본인이 진정으로 원하는 것이 무엇인지 고민하고 탐구할 시간조차 가지지 못하는 요즘 청춘의 슬픈 현실을 바꾸기 위해서라도 필요한 것이기에 이미 기성세대가 된 저는 위처럼 이야기도 하고 이 이야기가 실현될 수 있도록 도우려 합니다.

우리 모두 한계가 있는 인간

제가 살아온 과정을 보면 목표를 정하고 그 목표를 이루기 위해 자학적일 정도로 노력하는 상황이 여러 번 있었습니다. 그러면서 스스로 '불가능은 없다'라거나 혹은 '하면 된다'를 외쳐왔던 것 같습니다. 이것이 결과라는 외형적인 면에서는 효과가 있었던 것처럼 보입니다. 그러나 종합적으로 보면 얻는 것만큼, 아니 얻는 것보다 더 큰 것을 잃기도 하였던 것 같습니다. 우선 스스로에게 가혹하게 굴면서 다른 것을 살필 여유를 없애는 것이 세상을 넓게 보는 데에는 적합하지 않았던 것 같습니다. 그래서 남들 다 하는 고민과 걱정 등을 저는 매우 늦게 한 편입니다. 그리고 이런 태도는 모든 성공과 실패를 자신의 노력 정도에 달린 것으로 보기에 자신에게 엄격해지고 또 다른 사람들에 대해서도 지나치게 엄격하게 되었던 것 같습니다. 다른 사람의 상황이나 어려움을 살피지 않고 모든 것을 노력의 양이 부족한 것으로만 보기도 했습니다.

이것은 협업을 할 때 다른 사람에게 상처를 주는 요인으로 작용하기도 했습니다. 그러나 제가 잘하는 것도 있고, 못하는 것도 있듯이 사람들은 다 제각각 잘하는 것과 못하는 것이 다르고, 노력해도 못하는 것을 잘하기는 어려울 수도 있다는 것을 여러 경험을 통해 알게 되었습니다. 지금은 조금씩 저 자신 그리고 다른 사람들을 바라보는 데 여유를 찾아가고 있습니다. '좀 더 여유 있는 자세로 저 자신과 타인을 바라보면서도 욕심껏 사는 모습'이 지금 현재 제가 찾아가려는 삶의 모습인 것 같습니다.

앞에서도 밝혔지만, 이 책은 그렇게 크게 도움이 되는 책은 아닐 수도 있습니다. 그런데 같은 시대를 살아가는 비슷한 연배 혹은 조금은 선배일 수도 있는 한 사람의 삶을 살짝 들여다봄으로써 '나도 그랬었지'라는 공감 혹은 '나는 안 그랬는데'라는 비공감을 느껴보는 것도 재미있을 것 같습니다. 저는 이 책을 통해 저 자신의 일부를 여러분에게 드러내 보인 것인데 부끄러운 모습이 많이 있는 듯합니다. 그래서 저는 이 부끄러움을 과거의 것으로 만들기 위해서라도 더 열심히 살아야 할 것 같습니다. 앞으로도 열심히 사는 모습으로 여러분을 찾아뵙겠습니다.

2017년 6월, 박주민

운동

—

"그날이 성탄절 전야였던 것으로 기억
하는데, 너무 슬펐죠. 문전박대를 당
하고 철거민들과 같이 돌아가는데 내
가 그분들에게 아무런 도움이 되지 못
했다는 데 처절한 무력감을 느꼈어요.
그때 처음 '내가 변호사였다면?'이라
는 상상을 해봤어요."

소년과 공부

1973년 11월 21일 서울에서 태어났다. 외모나 분위기와는 달리 의외로 엘리트 코스를 밟았다. 대원외고와 서울대 법학과를 졸업했고 2003년 45회 사법시험에 합격했다. 그리고 2016년 대원외고 출신 1호 국회의원이 되었다.

유년 시절이 궁금합니다. 어디서 태어나서 자랐나요?

박주민 성북구에 있는 삼선교라는 동네에서 태어났어요. 지금의 대학로 가까이 있죠. 그런데 생후 백 일도 안 돼 중랑구 신내동으로 이사를 갔다고 해요. 중랑천 건너 구리시 쪽으로 서울의 끝, 변두리로 간 거죠. 거기서 중화초등학교 다니다가 2학년 1학기 마치기 전에 다시 망우동으로 이사를 갔어요. 망우초등학교를 졸업하고 그 동네에 있는 봉화중학교를 다녔어요.

집안 환경은 어땠습니까? 사는 형편이나 분위기 같은 것들은요.

박주민 그렇게 가난하지는 않았던 것 같아요. 아버지가 공무원이셨거든요. 그런데 교장선생님이던 할아버지가 퇴직하시고 할머니가 운영하던 공장이 부도가 나면서 한동안은 어려웠다고 해요. 그래서 변두리로 이사하게 되었고요. 자식은 형과 저 둘인데, 형은 유치원도 가고 태권도학원도 다녔는데 저는 아무 데도 못 다녔어요. 할아버지가 동네에서 구멍가게를 여셨고, 어머니가 이 가게에 매일 나가 도와주시는 바람에 저는 방치된 채 여기저기 들판을 쏘다니며 시간 보내고 놀았어요. 그때만 해도 그런 애들이 많았고 또 동네에서 누구 집 자식 할 것 없이 서로들 돌볼 때니까, 이 집 저 집 다니며 밥도 얻어먹고 불장난하러 다니고 그랬죠. 아침밥만 먹이고 내보내면 밖에서 알아서 놀다 해떨어지면 들어오는 나날이었습니다.

| 소년과 공부

특별할 것 없는 서울 토박이네요. 박주민은 어떤 아이였나요?

박주민 제가 어렸을 때 중랑구 쪽이 대개 그랬듯이 제가 산
곳도 시골이나 다름없었어요. 주변이 죄다 논이나
밭이었는데 배나무도 꽤 많이 있었습니다. 인근에
먹골*이라고 불리는 곳도 있었으니까요. 논밭이나 들
판에서 뛰어놀고 냇가에서 물고기 잡고 하느라 한글
도 못 깨우친 채로 초등학교에 들어갔죠. 입학 며칠
전에 어머니한테 이름 '그리는' 법, 숫자 1부터 10까
지 쓰는 법만 겨우 배웠어요. 책상이라는 것에 앉아
본 것도 입학해서가 처음이었어요. 그러니 천방지축
뛰어놀던 애가 시간 맞춰 앉아 있는 것부터가 곤욕
이었겠죠. 수업시간에도 돌아다니고 책상 위에 올라
가고 그러다 선생님한테 혼도 많이 났습니다.
　내용을 잘 몰라도 저 발표시켜달라고 손들고 설치기

---

* 조선시대 먹을 만들던 곳이라고 해서 먹골이란 이름이 붙었는데, 배 산지로도 유명했
다. 서울이 확장되면서 먹골배는 인근 구리, 남양주 쪽으로 재배지가 옮겨졌다.

도 많이 했는데 마침 장학사가 그 장면을 보고 수업 진행이 활발하다고 좋게 봐줘서 선생님한테 어머니가 칭찬 아닌 칭찬을 들으신 적도 있답니다. 주민이가 명랑하고 적극적이라고 말이죠(웃음). 당연히 성적은 안 좋았죠. 수나 우는 별로 없고 미, 양, 가로 쫙 깔았습니다.

그런데 2학년 때 전학 와보니 짝꿍이 엄청 예쁜 거예요. 짝꿍한테 잘 보이려고 원래보다 더 까불고 장난치고 그랬더니 그 애가 자기는 공부 못하고 깡패 같은 애 싫어한다고 그러더라고요. 충격을 받았어요. 그래서 여자애에게 잘 보이려고 그 어린 나이에 공부를 좀 해야겠다고 마음먹었죠. 학습전과도 자세히 보니 재미있더라고요. 어느 날엔, 아마 태어나 처음인 것 같은데, 서점에서 책을 샀어요. 《서유기》를요. 그때까지 그 책 주인공이 손오공인 줄도 몰랐어요. 서점에서 집까지 걸어오면서 그걸 다 읽은 거예요. 그 뒤로부터는 그야말로 책에 빠져들었죠. 동네 조그만 도서관에서 이런저런 책도 빌려보았는데 특히 과

| 소년과 공부

일곱 살 때. 집 옥상이다.

마을공동체가 살아있던 시절, 마을 사람들이 모두 나서서 아이
들을 양육했다. 풍족하지는 않았지만 세상 행복하던 시절이다.

학 책들을 많이 봤어요. 우주, 공룡, 생물 등등에 관한 것들이죠. 그러다가 책장에서 《삼국지》 등 어른들이 보는 책들도 빼서 닥치는 대로 다 봤어요.

그렇게 조금씩 차분해지고 중학교에 들어가면서부터는 공부 쪽에 더 신경을 썼던 것 같아요.

예쁜 짝꿍과 《서유기》 덕에 성적은 많이 올랐겠네요. 혹시 장래 희망이 변호사였나요?

박주민 그 뒤로는 초등학교 내내 거의 '올 수'였어요. 중학교에 가서도 계속 그 수준을 유지했죠. 시험 끝나고 시상을 하면 항상 상장을 싹쓸이하다시피 했어요. 오죽하면 수위 아저씨도 저를 알아볼 정도였습니다. 하지만 그때는 변호사 같은 덴 관심도 없었어요. 어릴 때는 장사꾼이 되고 싶었습니다. 어려서부터 돈 버는 걸 재미있어 했거든요. 동네 다니며 구리선을 모아다가 고물상에 갖다 주면 돈을 주잖아요. 그 돈으로 장난감을 사거나 떡볶이 사먹거나 했죠. 또 장난감을 사면 그냥 갖고 노는 게 아니라 또래 아이들에게 빌려주고 10원씩 돈을 받았어요. 그렇게 모아서 또 새 장난감을 사고 다시 빌려주고 돈을 받았어요. 그래서 나는 나중에 장사를 하면 잘하겠다는 생각을 했던 것 같아요.

그러다 과학책을 가까이 하면서는 생물학자나 물리학자 같은 과학자가 되려 했죠. 중학교 동안에도 계속 그랬어요. 실제 고등학교 1학년 때까지만 해도 당연히 이과를 선택해서 과학 계열 대학에 진학할 생각이었습니다. 수학은 쉽고 성적도 잘 나온 반면 국어는 어렵고 성적도 잘 안 나왔어요. 1학년 말에 문과/이과 선택할 때도 처음엔 이과를 선택했어요. 그런데 다음날 아침에 세수하는데 '아니야. 문과를 가야 하는데, 내가 왜 그랬을까' 하는 생각이 갑자기 들었어요. 지금 생각해도 신기해요. 아무 맥락도 없이 어떻게 그런 생각이 들었는지 몰라요. 그런데 그 생각이 너무나 강렬해서 학교에 가자마자 담임선생님께 문과로 바꾸겠다고 말씀드렸더니 의외로 순순

히 그렇게 하라고 하시더라고요. 아무래도 '장사의
꿈'이 잠복해 있었나 봐요.(웃음) 문과로 바꾼 뒤엔 경
영학과에 가겠거니 생각했어요. 나중에 실제로는 법
학과에 진학했지만요.

외고에 진학한 특별한 이유가 있나요?

박주민 중학교 다닐 때부터 이미 대원외고는 유명했어요.
집 근처의 학교보다는 거기 가는 게 공부에 집중하
기 좋을 거라고 생각했습니다. 거기다가 동네 고등학
교에 가면 안 될 분명한 이유가 있었어요. 초등학교,
중학교 다닐 때 이미 키가 꽤 컸고(지금 173cm, 당시
145cm) 워낙 '명랑'했던 탓에 또래들과 싸우거나 주
먹다짐하는 일이 많았어요. 초등학교 때는 나름 학
교 '짱'이었고 중학교 때도 싸움에서 밀리거나 그러
진 않았거든요. 그런데 중3 무렵이 되니 저는 공부
하는 얌전한 '범생이'처럼 쪼그라들고 그동안 저한
테 원한을 가졌을 법한 친구들의 덩치가 마구 불면

| 소년과 공부

서 좀 무서워지는 거예요. 그중 몇몇은 실제 초등학교 때의 '추억'들을 사무치게 되새기며 시비도 걸고 그랬어요. 그'분'들과 같은 구역에서 고등학교를 다닐 엄두가 안 나더라고요.(웃음)

동네는 떠야겠고 명분은 필요한데, 마침 대원외고가 적당히 멀리 떨어져 있어서 거기를 가기로 했습니다. 그렇게 6회 입학생이 되었죠.

1990년대 중반 무렵엔 대원외고의 서울대 합격자가 전라남도 전체의 그것보다 많은 게 논란이 돼 수시 전형 도입의 단초가 되었다는 말도 나왔습니다. 무서운 '분'들을 피해 거기 들어가 보니 어떻던가요?

박주민 깜짝 놀랐어요. 이름 좀 나 있는 집안의 애들도 많았고 특히 강남 출신들이 많았어요. 야간자습 마치고 나오면 애들 마중 나온 승용차들이 늘어선 풍경이 정말 낯설었죠. 없는 동네 출신이긴 하지만 그래도 첫 중간고사까지는 기 안 죽고 제법 의기양양하게 다녔습니다. 시험 결과가 문제였죠. 그때 한 학년에 15개 반 700명 정도 됐는데 첫 성적이 153등이었어요. 세 자릿수라니, 상상도 할 수 없는 등수였죠. 살면서 그때 가장 큰 충격을 받았어요. 다른 건 몰라도 박주민은 공부는 잘하는 존재라는 게 자존감의 큰 바탕이 됐는데 그게 흔들린 거죠. 마음 추스르고 잘하는 애들처럼 해보려니 잘 안 되더라고요. 그 애들은 영어고 수학이고 2학년 과정까지 이미 다 알고 있는 거예요. 일종의 선행학습을 하고 들어온 거죠. 그래서 과외나 학원의 도움을 받게 해달라고 부모님께 부탁드려 봤어요. 아버지가 단칼에 거절하시더군요. 공무원의 자식이 어떻게 과외를 받느냐면서요. 그때(1988년) 사회 분위기가 그랬거든요.* 하지만 일부 학생들은 야간자습 빠지고 몇몇씩 짝지어 과외수업을 받으러 다니고 그랬어요.

---

* 1980년 실시된 과외금지 조치는 1989년이 되어서야 대학생 과외를 허용하는 등 제한적으로 풀리기 시작했다.

| 소년과 공부

어쩔 수 없이 '홀로 무식하게' 공부하는 방식을 택했습니다. 화장실 가는 시간 빼고는 종일 책 붙들고 앉아 있었죠. 외모에 신경을 쓰면 공부를 등한히 할까 3년 내내 거울을 한 번도 보지 않았어요. 집 화장실은 문을 열면 바로 마주보는 벽에 거울이 걸려 있었는데 거울을 안 보려고 화장실 문을 열면 바로 고개를 푹 숙이고 들어가기도 했습니다. 또 여학생에 빠지면 공부를 못할까봐 학교에서는 땅만 쳐다보며 다녔고요. 종이에 빡빡하게 글을 적어가면서 외우고 문제 풀고 한 탓에 '깨알'이라는 별명도 얻었습니다. 밥도 혼자 먹었어요. 책 보며 먹느라고요. 수학여행 때도 단어장 들고 갔어요. 다른 애들과 어울리지 않으려고요. 그때는 친구가 없었어요. 한두 명 정도하고만 말을 겨우 섞고 지냈으니 다른 애들은 저보고 좀 재수 없다고 했을 거 같아요.

투쟁심이나 승부욕이 있어 보입니다. 의외로 독한 구석도 좀 있는 거 같고요.

박주민 그런 게 있다는 걸 부정하지 않아요. 지금 생각하면 좀 유치하다는 생각도 드는데, 뭘 하겠다고 결심하면 집중해서 그것만 파고들어요. 이때도 그랬고 나중에 고시 공부 때도 그랬어요. 목표를 정하면 거기에만 몰두했어요.

그렇게 해서 성적은 좀 올랐나요?

박주민 두 번째 시험에선 100등 안에 들었고 세 번째에선 50등 안에 끼었습니다. 거기서 좀 주춤하다가 2학년부터는 10등 안에 들기도 하고, 3학년 올라가 모의고사를 보기 시작하면서는 가장 좋을 때에 3등까지도 했어요.(웃음) 그런데 2학기 들어서면서 몸이 나빠지기 시작하는 거예요. 무리하게 공부한 탓에 너무 약해진 거죠. 그래서 고3 때 대입시험은 2교시부터

망쳤어요. 시험에 집중하기 어려웠어요.

어쩔 수 없이 종로학원에 등록하고 재수를 시작했죠. 그런데 혼자 공부하는 습관이 몸에 밴 탓에 학원에 잘 나가지 않고 주로 집에서 공부했어요. 거기서 여러 친구들과 새로 어울린다는 게 또 부담스러운 거예요. 아무튼 조금씩 몸도 좋아지고 공부에 집중하니까 점수가 너무 잘 나오는 거예요. 경영학과 가기엔 벌어놓은 점수가 아깝기도 하고, 법대에 가도 경제학이나 경영학도 다 공부할 수 있다고 해서 법대에 갔어요.

운동권 법대생

1993년 서울대 법학과에 입학했다. 다정한 선배 손에 이끌려 얌전히 법대신문사에 들어갔다. 그렇게 마지막 운동권 세대가 되리라고는 미처 짐작도 못했다.

재수할 때까지는 법대에 가겠다거나 변호사가 되겠다는 계획은 없었던 거군요. 법대 신입생 생활은 어땠나요?

박주민 시험이 끝나고 고등학교와 재수 시절에 대해 후회를 많이 했어요. 친구들과 사귀지도 못하고 혼자 동떨어져 지낸 '흑역사'처럼 여겨졌죠. 그렇게 스스로를 질책하면서 대학에서는 전혀 다른 나, 혹은 초등학교 당시 자연스러웠던 내 모습을 찾고 싶었어요. 우선 잔뜩 움츠러들어 있던 내가 왜 그런지 알고 싶어

입학하기 전 두 달 사이에 심리학에 관한 책 몇 권을
읽었어요. 프로이트의 《정신분석 입문》 그리고 융의
《무의식의 분석》을 보면서 처음으로 내 마음의 구조
를 객관적으로 들여다보게 되었죠. 심리나 정신세계
에 대해 눈을 뜨면서 스스로를 조금이나마 이해하
게 되었습니다.

그리고 법에 대한 선행학습이 필요할지도 모른다는
생각에 법과 관련된 책을 찾다가 제목에 '법'자가 들
어가 있다는 이유만으로 고른 책이 《변증법적 유물
론》이었는데요. 지금 생각하면 지나치게 도식적인
도그마 같긴 한데, 당시에는 "모든 것이 변화하고 발
전하고, 역사는 인간이 만들어왔다"는 깨우침이 제
머리를 개운하게 만들어주었어요. 나도 노력하면 지
금까지와는 다르게 변화하고 발전할 수 있고 새롭
게 뭔가를 시작할 수 있겠다는 자신감이나 확신 같
은 것을 그런 책들로부터 얻게 되었죠. 그러는 와중
에 법대 다니던 대원외고 출신 선배가 입학 전부터
저를 잘 챙겨주더라고요. 밥도 사주며 다른 선배들

도 소개시켜주고요. 다 착해 보이고 저한테 잘해줘서 대학생활이 탄탄대로일 거라는 환상까지 가지게 되었어요. 나중에 알고 보니 그 선배들이 다 운동권이었던 거죠.(웃음)

입학하니까 그 선배들이 법대신문사로 인도하더라고요. 입시 준비하면서 망가졌던 몸과 마음을 회복한다는 기분으로 선배들이 제시하는 길을 군소리 없이 착실히 따랐어요. 다시 태어나고자 하는 교육과정이었던 셈이죠.

당시까지만 해도 동아리나 학생회가 전부 운동권의 근거지였을 텐데, 그 덕에 자연스럽게 운동권으로 동화되었겠네요. 계속 법대신문사에서 활동했나요?

박주민 아뇨. 1학년 말에 두 달간 공장 체험 마치고 와서부터는 학생회에서 활동했습니다. 3학년 때는 과학생회장도 맡았죠. 3학년 말엔 법대 부학생회장에도 출마했는데 큰 표 차이로 떨어졌습니다.(웃음) 학생운동

대학에 입학해서 뭣 모르고 선배 따라 법대신문사에 들어갔고 자연스럽게 운동권 학생이 되었다. 앞으로 어떻게 살아갈 것인 지에 대한 고뇌가 없지 않았지만 그때 정한 마음이 바뀌지는 않았다. 대학 2학년 때 모습.

이 쇠퇴기이긴 했어도 농촌이나 공장, 빈민촌, 철거지역을 다니며 적극적으로 연대활동을 벌이던 때였어요. 그러다 보니 대부분의 운동권이 그렇듯 어느새 5학년이 되더군요. 계속 남아 운동을 할 것인지, 아니면 군에 입대할 것인지 결정할 때가 온 거죠.

운동이 그렇게 정리된 건가요? 아니면 병역을 마친 뒤의 계획을 준비하고 있었나요?

박주민 이런저런 고민이 많았어요. 결국은 군대를 갔다 와서 사법시험을 보고, 변호사가 되어서 인권운동을 계속하자는 쪽으로 정리를 한 거죠. 4학년 때 신도림동에 있는 작은 철거촌에 학생들의 지원이 필요하다 해서 법대 동기 몇몇과 같이 한동안 지낸 적이 있어요. 거의 철거되고 네 가구 정도만 남은 상태였는데, 거기서 잠도 자고 아이들도 돌보고 행정적인 상의도 하고 그랬습니다. 어느 날인가, 철거민들이 영구임대주택을 받을 수 있는지 구청장에게 면담을 요청해서 이분들과 같이 아침부터 구청을 찾아간 적이 있어요. 그런데 구청에 들어가지도 못하게 막고 일방적으로 면담 약속도 지키지 않는 거예요. 하루 종일 눈을 맞아 머리에 눈이 수북이 쌓였어요. 해가 질 때까지 기다렸지만 허사였어요.

그날이 성탄절 전야였던 것으로 기억하는데, 너무 슬펐죠. 문전박대를 당하고 철거민들과 같이 돌아가는데 내가 그분들에게 아무런 도움이 되지 못했다는 데 처절한 무력감을 느꼈어요. 그때 처음 '내가 변호사였다면?'이라는 상상을 해봤어요. 그랬다면 적어도 이렇게 그냥 되돌아가지는 않았을 거라고, 구청장이 거부하지 못할 최소한의 주선이나 조력이 가능했을 거라는 생각이 들었어요. 내가 기왕 사회운동을 계속할 거라면, 변호사가 되어 어려운 사람들에게 힘이 되는 것도 괜찮은 선택이겠다는 확신 같은 걸 그날 가지게 되었죠. 그래서 학생운동을 잇는 마음으로, 군에서 전역하면 공부해서 변호사가 되겠다는 결심을 했습니다.

입대 전에 이미 마음의 준비가 잘 되어 있었네요. 군대 생활
은 어땠습니까?

박주민 대학을 졸업하고 공군 학사장교로 갔습니다(1998년).
진주에 있는 교육사령부 훈련소에서 4개월 훈련을
받고 성남에서 헌병소대장으로 근무했어요. 기지 경
비를 담당하는 임무였죠. 제가 부임한 소대는 처음
에는 문제가 많은 곳이었습니다. 이러저러한 문제들
을 해결하기 위해 원칙을 세우고 그 원칙을 지키며
생활하려고 노력했죠. 공정한 업무 배분, 정해진 순
찰 횟수 지키기, 소대장부터 솔선수범 작업하기, 이
런 원칙들이었어요. 조금 지나니 소대가 안정되어갔
어요. 개인적으로는 군에 있으면서 규칙적인 생활
을 하고 매일 운동을 하니까 몸이 많이 좋아졌어요.
2001년 공군 중위로 전역할 때는 거의 '몸짱' 수준
이었습니다.

| 운동권 법대생

박주민과 같은 부대에서 근무한 분이 온라인 공간에 남긴 글이 화제가 되기도 했다. 출처와 함께 원문 그대로 공개한다. http://gall.dcinside.com/board/view/?id=stock_new1&no=4842452

거지갑이 신임 소대장으로 왔을 때 난 막 상병 꺾이었음. 근무지는 경비소대였고 소대장 1명과 선임부사관 2명이 근무에 맞춰 24시간 소대를 지휘했음.

당시 내 위로 병장 7명이 있었는데 거지갑한테 비협조적이였음.

전임 소대장은 공군 사관 98기였고 나름 젠틀했는데 거지갑은 뭐 지금이나 그때나 변함 없는 모습이었고 ㅋㅋ.

사관 100기 아님 101기였는데 숫자가 세 자리로 늘어나니 병장들은 짬밥없는 신병 취급함. 아무튼 신임소대장으로 오고 나서 초반에는 기싸움이 팽팽했음. 문제는 근무 초소 배정에서 자주 나타났는데 거지갑은 모든 소대원이 공평하게 근무하기를 원했음.

예를 들면 초소 환경이 좋은 곳을 고참들이 독점하는 시스템을 고치려 함.

우리 소대는 서서 경비 서는 곳과 외벽 초소에서 근무하는 곳이 섞여 있었는데 근무시간 내내 서서 경비 서는 곳은 당근 졸병들이 갔었음.

거지갑이 초소는 고참과 신병이 골고루 들어가야지 신병만 들어가면 관리가 잘 안 된다고 하니깐 고참급들이 거의 들고 일어날 정도로 반발함.

최고참급한테 제일 빡세기로 소문난 활주로 X-X초소를 들어가라고 하니 눈을 부라리면서 "아 애들 보기 창피하게 왜이러십니까... 애들 시키지 왜 절 주십니까?"

다른 고참도 "원래 우리 소대는 이랬습니다. 군대 잘 아시지 않습니까?" 이런 식으로 깽판침.

그 순간 속으로 아 ㅅㅂ X 됐네. 오늘 밤 뭔 일 터지는 거 아니냐, 라고 생각하는 순간 거지갑이 "ㅇㅋ 알았듬 고참들 예전처럼 근무하셈" 이러는 거임.

휴 난 다행이라고 생각함…

아참 내 보직을 말해주면 난 초소 근무자의 상번과 하번을 돕는 운전병이였듬. 정해진 시간 초소 근무자 상하번+정해진

| 운동권 법대생

학사장교 시험을 보고 공군 헌병소대장으로 군생활을 했다. 너무
원칙만 강조해 사병들을 괴롭힌 것은 아닌지 약간의 자책이 있다.

시간 소대장 혹은 선임하사를 태우고 초소 순찰을 돎. 초소 순찰을 돌 땐 제일 첫 번째 초소에서 소위 깨스라는 걸 넣는데 순찰자가 가니 쳐 자고 있는 사람들은 일어나라는 신호를 초소 비치 전화로 걸어줌.

아무튼 그날 난 야간이라 당직실 대기하면서 책을 보고 있는데 갑자기 거지갑이 탄띠를 매더니 순찰 나가자고 함.

시계를 보니 순찰시간이 아닌데 나가자고 해서 궁금했지만 그냥 닥치고 순찰 나감. 활주로 졸병 초소부터 돌기 시작했는데 평소처럼 초소 들어가서 사인하고 나옴. 그리고 멀리 떨어져 있는 외곽담장 고참 근무 초소를 갔는뎈 ㅋㅋㅋㅋㅋ

아낰 ㅋㅋㅋㅋㅋ 초소 들어가서 경계근무 복장상태부터 초소 비치물 점검까지 완전 개 FM대로 함. 그리고 그날 원래 돌아야 할 3번의 순찰을 소대장 재량으로 9회로 늘려버림.

고참들 근무 들어가서 20분마다 소대장 순찰 영접해야 했음. 처음엔 이게 뭔 짓인가 나도 짜증이 났는데 그렇게 딱 일주일 하니깐 고참들이 먼저 꼬리 내리고 활주로 근무 자청함.

그랬더니 거지갑 왈, "님들이 나 무시하는 거 같아서 좀 괴롭혔는데 미안함… 그동안 졸병 때 활주로 근무로 힘들었을 텐

운동권 법대생

데 또 보내서 미안함… 하지만 어느 정도 근무 군기 잡히면 다시 외곽초소로 보내드림. 우리 소대 사고 없이 전원 제대 잘 하고 외박도 팍팍 나갈 수 있게 근무 잘 서자는 취지에서 함."*

사법시험을 준비하는 과정은 어땠나요?

박주민 군 생활이 다 끝나가고 전역할 무렵 5년간 사귄 여자친구와 헤어졌어요. 여름에 군에서 전역했을 때는, 그런 후유증에다가 군인에서 갑자기 수험생이 되어 공부하는 데서 오는 스트레스가 겹쳐 처음엔 좀 어렵더라고요. 하지만 당시 체력이 완전체에 가까웠어요. 닥치는 대로 공부하고 싶을 정도로 몸이 잘 만들어져 있었죠.
　　새벽에 가장 먼저 서울대 도서관에 도착해서 밤에

---

* 글쓴이와 연락이 닿지 않았다. 연락 주시면 저자가 밥 사겠다고 했다.

불 꺼질 때까지 매일 출근 도장을 찍어서 같이 공부하던 친구들이 몸으로 공부한다는 의미로 '스터디 머슬'이라고 부르기도 했어요. 고등학교 때처럼 혼자 공부했더라면 잘 안 됐을 텐데, 이미 몇 년간 공부해온 친구들과 스터디그룹을 짠 덕에 친구들의 도움을 많이 받았어요. 지금 생각해도 참 고마운 일이죠. 몇 달 공부하고 바로 1차 합격했어요. 다음해 2차까지 통과했으니 다해서 대략 1년 반 만에 사법시험에 붙은 셈이죠.

집중력 하나는 끝내주는군요. 사법연수원 생활은 어땠습니까?

박주민 처음부터 사법시험을 본 목적이 변호사가 되려는 거였어요. 운동의 연속이라고 보았으니까요. 그런데 연수원 들어가자마자 부모님이 판검사 얘기를 꺼내시는 거예요. 연수원에서 열심히 공부해서 꼭 판사나 검사가 되라고요. 자식이 다른 데 한눈팔고 있는 것도 모르시고 괜한 기대만 하신 거죠. 시간이 좀 지나

　　　　　　　　　　　　| 운동권 법대생

서는 말씀을 드렸죠. 저는 인권운동이나 사회운동을 하기 위해 변호사가 되려 했고, 그러기 위해 사법시험을 본 거라고요. 처음에는 단 하루만이라도 판검사를 하라고 하시다가 결국 이해해주시더라고요.

제가 들어가기 1년 전에 연수원에 인권법학회가 만들어졌는데 그 활동만 열심히 했어요. 회장도 맡았고요. 제가 회장을 맡은 인권법학회가 여러 활동을 해서 연수원 내에서는 마치 학생회가 만들어진 것 같다는 농담도 돌았어요. 동기들이 저보고 학생회 활동하려고 연수원 들어왔냐고 물어볼 정도로 인권법학회 활동이 재밌었어요.

문제도 있었죠. 사법연수원은 항상 '열공' 분위기가 지배해요. 모두가 모두에게 경쟁자인 그런 분위기. 그런데 저는 그런 동기들에게 이런저런 활동을 제안하고 귀찮게 하니까, 저를 다른 존재로 여기는 것 같아서 소외감을 느끼게 되더라고요. 그런 외로움을 느껴보기는 그때가 처음이었어요. 고등학교 때는 저스스로 고립을 택한 거였는데, 여기선 그게 아니더라

고요. 손을 내미는데 차갑게 외면당하는 싸늘한 느
낌. 인권법학회 활동을 함께한 열 명 정도를 제외하고
는 어떤 장막 같은 게 둘러져 있는 것 같았어요. 2년
내내 그렇게 지냈어요.

│ 운동권 법대생

변호

—

당선인 박주민의 첫 일정은 14일 오전
안산시 세월호희생자 정부합동분향소
를 방문하고 유가족들과 만나는 일이
었다. 분향소 옆 가족대기소에서 유가
족 모두가 뛰어나와 박주민을 반겼다.
기념사진도 찍었다. 사진 속의 그들은
잠시나마 행복해 보였다. 그리고 5월,
20대 국회가 개원했다. 국회의원 박주
민의 1호 법안 발의는 '세월호특별법
개정안'이었다.

거리의 변호사

민변에는 무수한 거리의 변호사가 있다. 인권이 침해되는 현장은 주로 거리이고, 민변 소속 변호사들은 바로 그 현장을 찾아다니기 때문이다. 그 역시 현장을 찾아다니는 거리의 변호사가 되었다.

연수원의 문제아였군요. 변호사 생활은 어디서 어떻게 시작했습니까?

박주민 연수원에 있을 때부터 민변^{민주사회를위한변호사모임}이나 참여연대에 들락거렸습니다. 거기 계신 분들이 그때 저를 좀 눈여겨보셨다고 해요. 그 덕에 '원'^{당시 '자하연'}, '해마루', '한결' 같은 민변 계열 로펌들에서 같이 일해보자는 제안을 받았고, 결국 연수원생 시절 변호사 실무 수습을 했던 '법무법인 한결'에서 변호사 생활을 시작하게 됐죠(2006년). 회사에서 시키는 일을 하고 나서는 원하는 공익적 활동을 마음대로 할 수 있게 해주었기 때문이에요. 공익소송뿐만 아니라 일반적인 형사나 민사, 헌법 소송, 프로젝트 파이낸싱 같은 금융 관련 프로젝트는 물론 법률자문 보고서 작성까지 웬만한 업무는 가리지 않고 다했습니다. 그때 일 참 많이 했어요. 로펌에선 매출이나 업무시간 등으로 실적을 평가하는데 거의 1등을 놓치지 않았어요.

그렇게 정신없이 일하다 보니 어느새 6년차가 되더라고요. 돈도 정말 잘 벌었습니다. 그런데 나한테 안 맞는 옷 같아 항상 불편했어요. 이제 곧 파트너 변호사*가 돼야 하는데, 그건 시키는 일을 하는 것을 넘어서 회사를 위해 영업을 뛰어야 하는 위치라 단순히 일을 열심히 하는 차원의 문제가 아니거든요. 그런데다 민변에서는 상근직인 사무차장을 맡아달라고 계

---

* 로펌의 지분을 갖고 경영에 관여하는 등기이사. 후배 변호사를 지휘하는 역할을 맡는다.

| 거리의 변호사

속 연락이 오던 때였어요. 참여연대에서도 부집행위
원장을 맡고 있던 때라 당연히 고민이 됐죠. 일단 사
표부터 썼어요. 거기 있으면서 민변이나 참여연대 상
근직을 맡을 수는 없었으니까요. 그리고 나서 참여
연대 활동을 하면서 알게 된 변호사들과 함께 공익변
론에 주력하고자 '법무법인 이공'을 만들고, 2개월 뒤
에 민변 사무차장으로 일하기 시작했습니다(2012년).*

민변으로 옮기면서 수입 차이가 좀 생겼겠네요. 기혼일 때 아
니었나요? 그럼 반대도 좀 있었을 것 같은데요.

박주민 민변이 다른 시민운동 단체보다는 급여가 많지만 수
입 차이는 컸죠. 결혼도 한 상태였어요. 제가 일하던
로펌에 실무수습을 나온 연수원 2년차 시보를 열심
히 따라다닌 끝에 결혼했죠. 로펌에서 나올 때 짝꿍

---

* 사법연수원 동기인 이재정 의원(더불어민주당 비례대표)이 박주민보다 먼저 사무차장을
지냈다.

내가 일하던 법무법인에 실습 나온 사람을 열심히 쫓아다녀 겨
우 마음을 열었다. 내 인생에서 가장 성공한 인간관계라면 강영
구 변호사를 만나 결혼한 것이다. 결혼 전 짝꿍과 함께 부모님
을 찾아뵈었다.

(그는 아내를 항상 짝꿍이라 부른다)이 반대하지는 않았습니다. 오히려 적극적으로 나오라고 권했어요. 짝꿍은 이미 전교조^{전국교직원노동조합}에서 상근 변호사로 일하고 있었는데, 로펌에 몸을 두고 돈을 벌면서 공익활동도 하는 어정쩡함에 대해 전부터 좋아하지 않았으니까요. 다만 부모님께는 걱정하실까봐 비밀로 했어요.

이제 본격적으로 공익활동에만 집중할 수 있게 된 거죠. 민변 사무차장을 맡으면서 이에 집중하기 위해 참여연대 부집행위원장은 그만두었지만, 참여연대 내에 있는 공익법센터 집행위원은 계속 맡았습니다.

그동안 주로 민변과 참여연대를 통해 들어오는 사건들을 맡았겠네요?

박주민 물론 그 두 쪽을 통해 들어오는 게 많았지만 그게 전부는 아니었어요. 로펌 시절부터 개인적으로 관계를 맺은 시민운동 단체나 주민 단체로부터도 의뢰가 많았거든요. 예를 들어 미군기지 이전 문제로 몸살을 앓던 평택에 매주 다니면서 법률상담이나 집회신고 같은 걸 도와드렸는데, 그때 알게 된 인권단체나 활동가들이 그 뒤에도 어디서건 '끊임없이' 일을 물어다주시더라고요. 그걸 거절할 수가 없는 거예요.

그래서 민변의 '접견왕'이었다는 소문까지 났나봅니다. 실제 그런 타이틀이 있나요?

박주민 민변에서 연말에 접견을 많이 한 변호사에게 주는 상입니다. 제가 3년 연속 접견왕이었어요. 집회나 시위에서 연행된 분들한테 민변으로 전화가 오는 경우도 있고, 또 개인적으로 직접 오는 경우도 있는데, 사실 변호사들이 대부분 바쁘다고들 좀 귀찮아합니다. 저는 귀찮아하지 않았어요. 하루에 서너 군데 다닌 적도 많았어요. 접견을 가면 그 사건을 또 거의 맡게 되고요.

2008년에도 광우병 촛불집회가 몇 달간 있었잖아

| 거리의 변호사

요. 그때도 평일에는 로펌에서 늦게까지 일하고 금요
일과 토요일에는 집회에서 인권침해감시 변호인단으
로 활동한 후 토요일과 일요일 새벽에는 연행된 분
들 접견을 다녔어요. 그런데 이상하더라고요. 몇 달
을 그렇게 하는데도 그게 힘들지 않고 보람차고 뿌
듯한 거예요. 고통이 지나치면 쾌락이 온다더니, 그
때는 그러려니 했어요.

그동안의 변호사 활동을 보면 '표현의 자유'를 옹호하는 데
열정을 많이 쏟는 것으로 보이는데, 특별한 이유가 있나요?

박주민 평택 미군기지 이전 사태나 촛불시위 등의 현장을 다
니면서 집회나 시위의 자유가 온전히 보장되지 않는
다는 것을 너무나 생생하게 목격했어요. 집회의 자
유의 중요함에 대해 경찰을 비롯한 공권력의 이해수
준도 형편없다는 것을 알게 됐고요. 표현의 자유는
사회의 약자를 보호하는 역할을 하는 것은 물론 민
주주의가 작동하도록 하는 일차적인 원리인데 그것

이 무시되는 현실을 그냥 보고만 있어서는 안 된다
고 생각했어요.

탄핵반대 시위에서 극우단체의 연사들은 계엄령 선포를 촉구
하고 "빨갱이는 죽여도 된다"고 선동했습니다. 이것들도 표현
의 자유로 옹호되어야 한다고 보나요?

박주민 표현의 자유의 한계에 관한 첫 접근으로는 '해악
harmful 이론'을 들 수 있습니다. J. S. 밀의 《자유론》으
로부터 도출된 건데, '국가권력이 어느 사람의 표현
의 자유에 간섭할 수 있는 유일한 정당성은 그 개인
의 표현행위가 타인에게 실질적인 해악을 끼칠 때뿐'
이라는 것이죠. 예를 들어 다른 사람에게 "돌을 던
지겠다"라고 말을 하는 것 자체로는 실질적인 해를
끼칠 수 없는데 이렇게 타인에게 해를 끼치지 않는
한 표현의 자유는 보장되어야 한다는 겁니다. 그보
다 더 발전한 것으로 '명백하고 현존하는 위험'의 원
칙이 있습니다. 언론·출판·집회·결사 등의 자유를

제한하기 위해서는 법이 방지하고자 하는 해악이 발생할 '명백하고 현존하는 위험이 있을 때'에만 제한할 수 있다는 겁니다. 단순히 장래에 그러한 해악을 발생시킬 염려가 있다는 것만으로는 제한할 수 없다는 것이죠.

발언이 당장 실현될 가능성은 없지만, 남북이 분단되어 있는 상황에서 매우 위험한 발언을 한 것이기에 처벌받은 이석기 전 통합진보당 의원의 사례*를 들며 우익단체의 이러한 발언도 내란선동죄로 처벌해야 한다는 주장도 있지만, 저는 동의하지 않습니다. 위에서 본 표현의 자유를 제한하는 기준에 비추어보면 이석기에게 내려진 징역 9년형은 지나친 선고죠. 계엄령 선포를 주장하거나 빨갱이를 죽이겠다는 발언 정도는 그 발언만으로는 실질적인 해악을 창출하지 않기에 표현

---

* 2015년 1월 22일 대법원 전원합의체는 당원 강연회 등에서 통신시설 등에 폭탄 설치 등을 언급했다가 내란음모죄 등으로 기소된 이석기 전 의원에게 '내란음모죄는 무죄, 내란선동죄는 유죄'라고 선고하며 징역 9년, 자격정지 7년을 확정했다. 당시 법원은 변호인단이 주장한 표현의 자유를 받아들이지 않았다.

의 자유 안에 드는 것으로 보아야 한다고 생각해요.

'표현의 자유' 전도사라 불릴 만하네요. 소문 몇 가지 확인해 보겠습니다. 민변 회장도 위치를 모를 정도로 항상 밖으로 돌았다는데 사실인가요?

박주민 민변에서 일할 때도 사무실에 앉아 있기보다는 평택, 제주 강정, 밀양, 쌍용자동차 등지를 자주 다니다 보니 그런 소문이 난 것 같아요. 접견도 많이 다녔고요. 그래서 밖으로 떠도는 게 익숙합니다. 옷도 한 번 걸치면 갈아입기 귀찮아서 오래 입어요. 그래서 옷 값도 얼마 안 들어요. 춘추복 두 벌, 하복 두 벌, 동복 두 벌이면 충분하거든요.

'거리의 변호사'답네요. 공익소송 많이 하다 머리가 빠졌다는 소문도 있고, 각종 후원모임에 가서 후원금 많이 내는 큰손으로도 알려져 있다는데요?

박주민 휑한 머리는 앞으로 그런 핑계를 대면 되겠네요.(웃음) 젊어서는 지금 같지는 않았는데, 어떻게 하다 보니 이렇게 됐습니다. 후원금은 사실과 좀 다른데, 그냥 내는 건 아니고 용산참사 후원 일일주점이나 쌍용차 후원 일일호프에 갈 때마다 각종 경매품을 낙찰 받아 가져오다보니 생긴 소문 같아요. 경매 낙찰가를 올리려면 누군가 값을 계속 더 불러야 하잖아요. 제가 그 역할을 많이 했는데 하다 보면 얼떨결에 제가 떠안게 되는 경우가 자주 생기더라고요. 간혹 제가 누군지 잘 모르고 그냥 일일주점 행사 때 비싸게 낙찰 받는 사람으로만 기억하는 분들도 실제 있습니다.

변호사를 하는 동안 기억에 남을 만한 사건들이 있겠죠?

박주민 아무래도 야간집회를 금지한 '집회 및 시위에 관한 법률' 10조에 대한 위헌결정^{헌법불합치결정}이 먼저 떠오르네요. 사회적으로도 그랬지만 굉장히 힘들게 준비하면서 많이 배웠습니다. 제 자신에게도 워낙 의미 있는 사건이었으니까요. 2015년 백남기 농민 진압 규탄 민중총궐기* 시위 금지에 대해 집행정지를 받은 사건도 잊을 수 없습니다. 당시 2차 이후 민중총궐기가 모두 금지되는 상황에서 집회를 하는 것이 정말 중요했거든요. 경찰이라는 공권력에 대해 집회의 자유를 보장할 것을 엄중하게 경고하는 판결이었죠. 이 판결은《한겨레21》이 선정한 그해 좋은 판결 2위에 오르기도 했어요.

국정원 대선개입 사건 당시 '오늘의 유머' 측 대리인을 맡아 국정원 직원이었던 김아영 씨가 삭제한 자료를 석 달에 걸쳐 서버를 분석하고 고발한 사건도 빼놓을 수 없습니다. 대검 담당자가 워낙 잘 분석했다면서 검찰이 기소할 수밖에 없게끔 만들었다고 했을 정도니까요. 국정원 직원이 '오늘의 유머' 사이트에

---

* 백남기 농민은 2015년 11월 14일 서울광장에서 열린 민중총궐기 대회에 참석해 박근혜 정부의 쌀 수입 정책에 항의하다 경찰이 쏜 물대포를 맞고 쓰러졌다. 의식을 잃은 채 서울대병원 중환자실에서 투병하다 317일 만인 2016년 9월 25일 숨졌다.

| 거리의 변호사

서 활동한 내용을 분석해서 엄청난 분량의 고발장을 접수했죠. 국정원이 자료를 가로채 갈까봐 많이 긴장했던 기억이 나네요. 세월호 내에서 건져 올린 노트북을 증거보전신청해서 '국정원 지시사항'이라는 문서를 찾아낸 것도 또렷합니다. 유가족은 물론이고 재판부나 검찰 모두가 깜짝 놀란 일이었으니까요.

여러 사건들이 많았는데, 무엇보다 '표현의 자유', 그중에서도 집회·시위 부분 관련 전문성은 스스로도 인정할 만하다는 생각이 듭니다. 여기저기 열심히 설치고 다녔는데 그래도 좀 잘한다는 게 있다니 다행인 거죠.

변호사는 제3자적 입장에서 남을 옹호하는 역할을 맡는 게 보통인데, 변호사 박주민은 직접 당사자가 되어 곧잘 싸움판에 뛰어들기도 합니다. 이런 행동이 자칫 가벼워 보일 수도 있지 않을까요?

박주민 대부분은 변호사가 되는 순간 자기 자신을 곧 변호

\<판결해볼 기회..세월호 실소유자는 국정원과 청해진 중 누구일까요?>

아래 100개에 가까운 세월호에 대한 국정원 지시사항은 국가정보기관 입장에서 한 것일까요? 아니면 실소유자로서 한 것일까요?

무수한 선박중 유일하게 세월호만 사고시 제일 먼저 국정원에 보고하게 되어있었고, 실제 이번 침몰사고직후 제일 먼저 국정원에 신고한 점 참고하셔도 됩니다

국정원이 "양우공제회" 명의로 수천억대 자금을 운영하는데 선박 항공기 골프장 등 무제한으로 사업을 하고 있고 그 내역을 절대 안밝힘..선박구입운항도 한적이 있다는 점도 판단에 참고..

자 세월호는 실제 누구 소유일까요?

좋아요 · 댓글 달기 · 공유하기

이재명 성남시장은 당시 세월호 직원 것으로 추정되는 노트북에서 발견된 '국정원지시사항'이라는 문건을 트위터에 올려 함께 판결해보자고 하였다. 포털에서 '세월호 노트북 국정원 지시사항'을 검색하면 100여 개 달하는 내용을 볼 수 있다.

사란 존재와 등치시키는 것 같아요. 이때 등치시키는 변호사라는 존재가 보통 사람들이 생각하는 그런 형태의 변호사이죠. 하지만 저에게 변호사는 제가 무언가를 하기 위한 직업적 도구입니다. 그러다 보니 자연스럽게 제 자신을 변호사, 그것도 일반인들이 생각하는 변호사라는 모습과 동일시하지는 않았던 것 같아요.

그리고 저도 차분히 사건을 보기 위해 제3자적 입장에 서 있기도 하고, 일부러 의뢰인과 거리를 두기도 해요. 하지만 지금 당장 인권이 침해되는 현장에 있는데 차분하게 제3자적 입장에서 이야기를 하기란 참 어려운 일입니다. 제가 가지고 있는 법률지식에 비추어 봐서 위법한 공권력 집행이 있다면 바로 뭐라도 해야죠.

보통사람은 소송에 말려들길 싫어합니다. 아니 두려워한다고 해야 될지도 모르겠네요. 송사 3년이면 집안 망한다는 말도 있잖습니까? 대기업이나 정부 같은 거대한 권력이 개인들의 이런 약점을 노리고 소송을 남발하기도 합니다. 이렇게 놔두면 집회나 시위, 결사를 통한 표현의 자유는 물론 언론의 자유도 위축될 수밖에 없을 텐데요. 이런 문제를 어떻게 바로잡을 수 있나요?

박주민 유산이나 이혼 소송 정도가 아니면 보통 사람들은 법원 갈 일도 별로 없죠. 법원은 멀리 해야 한다는 생득적 지혜 같은 게 있어요. 이런 개인들이 정부에 대해 비판했다가 손해배상 소송이나 형사소송에 휘말리면 얼마나 두려워하겠습니까? 그러면 그런 소송을 당한 사람이나 주위에서 그런 소송을 당하는 모습을 본 사람들은 비판을 멈추게 되죠. 민주주의라면 대표자를 선출하는 것에 그치는 것이 아니라 이후 선출된 대표자에 대해서 비판도 쉽게 할 수 있어야 하는데 그걸 어렵게 만드는 겁니다. 그래서 영국의 경우 국가정책에 대한 비난이나 비판을 했다는 이유로 민사소송을 걸지 못하게 하는 법을 만든 입법 사례가 실제 있습니다.

| 거리의 변호사

제가 맡은 사건도 그런 경우가 있는데요. 지난 2012년 대선 때 '나꼼수'를 진행하던 《시사IN》의 주진우 기자와 《딴지일보》 김어준 총수가 박근혜 후보의 오촌간 살인사건에 대한 의혹을 제기하였는데 이것이 박지만, 박근혜 두 사람의 명예를 훼손했다고 고소당한 일이 있었죠. 결국 무죄 판결을 받았지만 표현의 자유가 심각하게 도전받은 셈이죠. 지금의 서울시장인 박원순 변호사(당시 희망제작소 상임이사)가 2009년에 국정원으로부터 손해배상청구를 당한 사건도 그 경우에 해당됩니다. 그 사건도 직접 맡았었는데, '원고 대한민국'이 박원순 개인으로 인해 명예가 훼손됐다며 국가정보원의 민간사찰 의혹을 제기한 '피고 박원순'에게 2억 원의 손해배상을 청구한 거예요. 개인을 위협하는 민사소송이죠.

미국에는 슬랩SLAPP 퇴치법이란 게 있습니다. '슬랩'은 우리말로 하면 '전략적 봉쇄 소송strategic lawsuit against public participation' 정도 되는데, 공공 부문에 대한 시민들의 비판적 참여를 봉쇄하기 위한 소송이라는 거죠. 그런 소송을 못하게 하는 겁니다. 표현의 자유에 이런 소송보다 더 위협적인 것은 없다고 보는 거죠. 아까 말한 것처럼 공적인 문제를 제기한 사람이 이런 소송을 직접 겪거나 또는 다른 사람이 당하는 것을 목격하면 장차 그런 문제에 대해 침묵할 확률이 높아지게 되지 않겠습니까? 시민의 입을 막고 위협하는 국가의 비판자들에 대한 민·형사소송은 그래서 위험합니다.

| 거리의 변호사

세월호 변호사

어둠을 뚫고 세월호가 떠올랐다. 2014년 4월 16일 이후 1073일 만이다. 3년을 유가족과 함께한 변호사는 노란리본을 달고 국회의원이 되어 세월호 참사 진상규명과 2기 특별조사위원회 준비에 앞장서고 있다. 이번 대선에 마땅히 유권자가 되었을 아이들이 별이 되고 바람이 되어 그를 정치로 이끌었다.

박주민을 상징하는 사진 하나가 있습니다. 경찰들의 진압방패에 둘러싸인 채 아스팔트 바닥에 앉아 고개를 숙이고 조는 장면인데요. 잊히지 않는 이미지입니다. 언제였나요?

박주민 2015년 5월로 기억해요. 박근혜 정부가 국무회의에서 세월호특별법 정부 시행령을 강행 처리하면서 특별법과 특조위를 무력화하려 한 데 반대하며 유가족 분들과 농성할 때였습니다. 광화문 앞 사거리에서 이틀 정도 밤을 새고 나서 토요일이었는데, 다른 참

거리는 내 사무실이나 마찬가지였다. 2015년 세월호참사 범국민
철야행동 때 경찰과 유가족 사이에 있었는데 세 시간 가까이 앉
아있다 보니 잠이 들었다.

오마이뉴스 제공

가자들과 함께 행진하다가 경찰에 막힌 상황이었죠. 경찰이 유가족이나 참가자들을 연행할 수도 있을 것 같아 대열과 경찰 사이에 앉았는데, 세 시간 넘게 그 상태로 있다 보니 깜빡 잠들었던 것 같아요.

이 사진을 보자면 여전히 '거리의 변호사'인데 거기에 '세월호 변호사'라는 별칭이 하나 더 얹어졌군요.

박주민 약간 신기해요. 다른 변호사들도 세월호 참사 현장인 팽목항과 안산에 계셨는데 다른 분들이 아닌 저를 그렇게 불러주시는 게…. 보잘것없는 것이었지만 그래도 제 노력을 인정해주신 것 같아서 감사할 따름입니다. 그런 호명으로 인해 막중한 책임감을 느끼기도 하고요.

세월호와 함께하게 된 첫 경위가 궁금합니다.

박주민 사고가 일어날 당시가 제가 민변에서의 상근을 거의 마쳐갈 즈음이었어요. 제가 결합한 건 참사 두 주 뒤인 4월 말이었습니다. 저보다 먼저 대한변호사협회 소속의 변호사 두 분이 가 계셨어요. 그런데 아이들이 올라오기 시작하면서 유가족 분들이 있는 현장이 팽목항과 안산으로 이원화되었고, 민변 차원에서도 변호사를 보내야 한다는 의견이 나왔죠. 현장 경험과 법률적 지식을 갖춘 이를 찾다가 제가 가게 되었습니다. 그때부터 안산에 상주하다시피 하게 된 거죠.

너무나 큰 슬픔에 처한 유가족들과 대면하며 일하는 게 쉽지만은 않았을 텐데요.

박주민 처음에는 어떻게 다가가야 할지 막막해서 사무실 구석에서 한참을 가만히 서 있기만 했어요. 그러다가 회의하실 때 의자 가져다 놓고 음료수 깔고, 식사할 때 짜장면 놓고 다 드시면 치우기도 하고 그랬어요. 점차 저를 알아봐 주시는 분들이 많아지더군요. 초기에는 가족협의회를 만들어가는 과정을 도왔어요. 회

의안건지 만들고, 회의결과 정리하고, 유가족 입장
발표 때 의견 조율해서 발표문 정리하고 그런 일부
터 시작했죠. 그러면서 특별법 협상 지원하고. 물론
그사이에 소소한 법률자문도 많았고요. 또 유가족과
시민운동 단체와의 연결고리나 통로 역할도 자연스
럽게 맡았어요. 그 사이에서의 갈등도 중재하고요.
그렇게 제가 맡는 일이 점차 많아지니까 유가족 분
들과 있는 시간도 많아지고, 그러다보니 매우 가까워
지게 되었어요. 한창 가까울 때는 저보고 가족이라
그러셨어요. 국회에 온 뒤로는 자주 못 뵙지만요. 그
때는 다른 사람 말은 못 믿어도 '박변' 말은 믿는다
고 그러셨어요. 감사하게도 저를 많이 믿어주셨죠.

그해 11월에 세월호특별법이 통과될 때까지 여러 곡절이 많았습니다. 고생도 많았던 것으로 알고요.

박주민 2014년 뜨거운 여름 내내 새누리당과 새정치민주연합 간에 힘겨루기가 계속되어서 실마리가 풀리지 않아 가족분들과 국회 처마에서 4개월 가까이 노숙을 했어요. 답답하고 힘든 시간이었죠. 무엇보다 국민인 동시에 큰 아픔을 겪은 희생자와 피해자인데 마치 아무것도 아닌 것처럼 취급하는 데에 화가 많이 났어요.

국회 본청 2층 현관을 지나면 갈 수 있는 가까운 화장실도 이용하지 못하게 했어요. 그 문을 지날 수 있는 것은 의원들뿐이라고 말이죠. 그래서 농성하는 사람들은 화장실에 가려면 밖으로 나가 멀리 떨어진 후생관 화장실까지 가야 했어요. 그런 권위주의적인 게 너무 싫었죠. 국회가 국민을 어떻게 대해야 하는지 그때 많이 깨달았습니다.

| 세월호 변호사

세월호 변호사로 지내던 2년은 아무런 수입이 없었을 텐데요.

박주민 세월호 가족들 옆에 있는 초기에는 민변에서 월급
　　　이 나왔다가 곧 끊어졌어요. 그 뒤로는 아는 교수님
　　　들이 강의자리를 알아봐주시기도 하고 법무법인 '이
　　　공'을 같이 만든 동료들이 고생한다며 십시일반 돈을
　　　모아주기도 하더군요. 꽤 오랫동안 그랬어요. 지금
　　　생각해도 참 고맙죠.

2년이란 시간을 그렇게 보낼 수 있다는 게 놀랍습니다. 혹시
종교적 신념 같은 게 있나요?

박주민 특별히 그런 건 없습니다. 집안이 기독교 집안이고
　　　어려서 할머니랑 교회도 같이 다녔거든요. 밥먹을
　　　땐 기도도 꼭 했고요. 그래서 누가 종교가 뭐냐고 물
　　　어보면 기독교라고 답은 하지만요.
　　　그냥 어려서부터 예수와 석가에 대한 책도 많이 읽
　　　었고 커서는 마호메트무함마드에 대한 책도 많이 읽었

국회의원 박주민의 1호 법안 발의는

'세월호진상규명특별법 개정안'이다.

어요. 그분들의 삶을 동경했어요. 그분들을 믿을 거면 단순히 믿는 것이 아니라 그분들의 삶을 따라야 한다는 생각을 하기도 했어요. 그래서 지금도 힘이 빠지거나 도망가고 싶을 땐 초기 기독교나 불교에 관한 책을 집어 들기도 해요.

그러다가 20대 총선을 앞두고 더불어민주당에 영입되었습니다. 세월호 문제를 가지고 싸우면서 야당에 실망도 많았을 텐데, 그래도 더불어민주당을 선택했어요.

박주민 변호사로 사회운동을 하면서 한계를 많이 느꼈습니다. 일개 운동가로서의 무력감도 많이 들었고요. 세월호 이슈로 싸우면서는 말할 것도 없었죠. 내가 정치권에 들어간다면 이런 한계를 어느 정도는 극복할 수 있겠다 싶었습니다. 영입 제의를 받고 고민이 많았지만 그래도 선택해야 했어요. 진보정당은 힘이 너무 약했고, 국민의당과 분화하면서 더불어민주당이 더 변화할 것이라고 봤어요.

더불어민주당이 세월호 진상규명과 책임자 처벌 같은 야당의
책무를 온전히 받아 안기 위해 박주민을 영입했다고 봐야 할
까요?

박주민 세월호 때문만은 아니었어요. 문재인 대표 체제의 인
　　　재영입팀에서 제의가 와서 만나보니 영입의 목적이
　　　'세월호 변호사 박주민'만은 아니더라구요. 시민사회
　　　의 요청을 야당이 외면할 수는 없고 사회운동 분야
　　　에서 누군가를 영입해야 하는데 박주민이 이쪽저쪽
　　　다 걸치고 있으니 적합할 것 같다고 본 거죠.
　　　영입된 이후 김종인 지도부는 저를 탐탁지 않아 했
　　　던 것 같기도 해요. 마지막 날까지 끌긴 했지만 그래
　　　도 공천을 받을 수 있었던 데는 정청래 전 의원에 대
　　　한 컷오프와 김종인 당시 대표의 셀프 공천에 대한
　　　반발이 크게 작용한 것 같아요. '박주민마저 공천 안
　　　하면 가만있지 않겠다'는 진보적인 유권자층의 압력
　　　과 비판이 영향력을 발휘한 것이죠. 물론 제 지역구
　　　선임이셨던 이미경 의원의 지원도 컸고요.

영입 제의를 받아들였는데 한동안 비례대표도 못 받고 지역구 공천도 못 받고 있었잖아요. 속이 말이 아니었을 것 같습니다.

박주민 입당하고 나서 여기저기 '더민주 어벤저스'라고 해서 다녔어요. 그 과정에서 뭔가 기대도 했는데 아무런 언질도 없고, 다른 영입인사들은 차례차례 공천이 되니 참 답답하더라고요. 3월 20일이 공천 마지막 날이었는데 19일 저녁까지 당에서 연락이 없어서 다 포기하고 영입인사 카톡방에 '다들 신경 써주었는데 나는 출마 못 하는 것 같다. 미안하다'는 취지의 글을 남기고 짝꿍과 둘이 대학로에 영화 보러 갔어요. 20일 오후쯤에는 '제가 부족해서 공천을 받지 못했으나 선거 승리를 위해 할 수 있는 일은 다 하겠다'는 취지로 페이스북에 글을 써야겠다고 생각하면서요.

영화 보고 나서 짝꿍과 술 마시고 있는데 자정 가까이 돼서 연락이 오더라고요. 동작갑이 어떻겠냐고. 그 당시 동작갑에 김병기 의원이 거론되고 있다는

것을 이미 알고 있었어요. 그래서 물었죠. 김병기 의
원은 이 사실을 아냐고. 그런데 모를 것이라고 하면
서 김병기 의원에게 이야기하지 말라고 하더군요. 솔
직히 욕심이 나서 그냥 그렇게 할까 하다가 이건 아
니다 싶었어요. 그래서 김병기 의원에게 전화를 했어
요. 정말 모르고 있더라고요. 김병기 의원에게 이 상
황에 대해 같이 항의하자고 했어요. 저는 당에 다시
전화를 걸어 동작갑에 안 가겠다고 했죠. 그리고 깨
끗하게 포기하고 집에 와 잠들었는데 새벽에 문자가
오더군요. 다시 논의하기로 했다고. 그래서 김병기
의원이 동작갑에 공천되는 걸로 알고 잘됐다 생각하
고 다시 잠들었어요. 아침에 일어나 뉴스를 보니 김
병기 의원은 동작갑에, 저는 은평갑에 공천하는 것
으로 정리되었다고 나오더라고요.

| 세월호 변호사

실제 선거운동 과정에서는 '세월호 변호사'라는 상징이 어떻게 작용했나요?

박주민 뒤늦게 시작한 선거운동인데다 은평구에서 제가 그리 알려지지 않은 인물이라 지역구 당 고문들의 도움이 절실한 상태였어요. 그런데 그분들 중 일부는 플래카드에 있던 '세월호 가족대책협의회 법률대리인' 이력을 빼는 게 좋겠다고 권했어요. 이래선 당선될 수 없다고요. 잠시 고민했지만 그래도 빼지 않았어요. 명함이나 공보물에서도 빼자는 이야기가 있었지만 고집스레 넣었습니다. 선거운동 기간 내내 유가족이나 자원봉사자들이 저를 도와주셨는데, 그분들은 세월호 리본도 다 떼어놓고 오셨어요. 표 떨어질까 봐요. 그래도 저는 그럴 수 없었습니다.

2016년 4월 13일, 박주민 후보는 20대 총선에서 과반이 넘는 기적적인 득표로 당선됐다. 유가족들과 여름 내내 노숙

국회의원에 당선된 뒤 첫 일정으로 안산으로 달려가 유가족을
만났다. 모두들 내 일처럼 기뻐해주셨다.
우리는 가족이다.

오마이뉴스 제공

하다시피 지낸 국회였다. 이젠 의원이 되어 그곳으로 돌아갔다. 노란리본의 부모들은 2년 만에 처음으로 웃었다. 박주민혼자 뭘 얼마나 하겠느냐는 걱정도 있었고, 그래도 박주민인데 하는 기대도 있었다. 당선인 박주민의 첫 일정은 14일 오전 안산시 세월호희생자 정부합동분향소를 방문하고 유가족들과 만나는 일이었다. 분향소 옆 가족대기소에서 유가족모두가 뛰어나와 박주민을 반겼다. 기념사진을 찍었다. 사진속의 그들은 잠시나마 행복해 보였다. 그리고 5월, 20대 국회가 개원했다. 국회의원 박주민의 1호 법안 발의는 '세월호특별법 개정안'이었다.

세월호와 우리

박근혜는 구속되었고 세월호는 인양됐지만 참사의 진실은 여전히 드러나지 않았다. 이 정도면 됐으니 이제 그만하자는 목소리도 다시 나온다. 새 정부에서 새 조사가 시작될 것이고 연말에는 2기 특조위도 가동될 것이다. 세월호는 이제 막 떠오르기 시작한 것인지도 모른다.

세월호 유가족을 비롯한 많은 시민들이 현장에서나 온라인에서나 박주민의 당선을 응원했습니다. 부담이 적지 않을 텐데요.

박주민 당연히 있습니다. 시민들뿐 아니라 당에서도 세월호 문제 하면 일단 저부터 쳐다보니까요. 현장에서 그런 일을 겪기도 합니다. 예를 들어 백남기 농민 장례식장에 가 있으면 당신이 세월호 안 하고 왜 여기 와 있느냐고 따지시는 분도 있어요. 탄핵 촛불시위에서 저를 보고 그런 분들도 있고요. 박주민이 세월호 문제에 집중해야지 이런 데 다닐 시간이 어디 있냐고 말이죠. 페이스북이나 트위터에서도 그런 글을 달아주는 분들도 꽤 있습니다. 한눈팔지 말고 세월호특별법 개정이나 특조위 연장에 더 힘쓰라고 말이죠.

세월호 가족 분들한테 이런 얘기를 전하면 그분들은 그냥 웃으세요. 잘 몰라서 그런 말 하는 거니 박의원이 잘 이해하라고 오히려 다독여주시죠. 세월호 문제는 정권의 부도덕성과 연관된 문제입니다. 탄핵이나 대선과도 직결된 문제고요. 박근혜 정부가 그대로 있거나 보수정당이 정권을 잡으면 세월호 문제 진상규명이나 추모사업이 당연히 어려워지는 건데 어떻게 저라고 가만히 있을 수 있겠어요. 그리고 세월호 참사는 국민의 안전이나 기본권과 모두 연관된 총체적인 문제로 봐야 합니다. 그렇게 접근해서 해결할 때만이 그런 참사의 재발을 막을 수 있겠죠. 다행히 최근에는 그런 말씀하시는 분들이 많이 줄어들었어요.(웃음)

더불어민주당에 입당해서 의원이 된 뒤에도 세월호 문제로 갈등이나 고생이 있었을 텐데요.

박주민 2016년 여름, 특별법 개정 협상에 두 야당(더불어민주당과 국민의당)이 미온적이라며 유가족들이 20여 일간 단식투쟁을 벌인 적이 있어요. 특조위 활동기한은 다 되어 가는데 정치권에서는 아무런 해결책도 못 내고 있으니 유가족 입장에서야 당연한 몸부림이죠. 그때 너무 힘들었어요. 죽을 것 같았습니다.
　유가족의 야당에 대한 요구는 당연한 건데, 당 안에서 뭔가 일을 진척시키지 못하는 무력한 내 모습이 너무 괴로웠습니다. 차라리 더불어민주당에 들어오지 않은 채 밖에서 "더불어민주당 이거 제대로 못해? 야당답게 똑바로 하란 말이야!" 하고 욕하는 게 나을 거 같았어요. 제도권 안에서 싸운다는 게 이렇게 괴로운지 처음 알았어요. 어떡하나, 어떡하나 하고 매일매일 마음 졸였으니까요.

다행히 특별법 개정안도 무사히 마무리됐고, 탄핵심판으로 박근혜도 파면되었습니다. 하지만 헌법재판소의 판결 가운데 세월호 관련 부분에 대해서는 유감이라는 입장도 꽤 있습니다. 보충의견도 있었지만요.

박주민 헌법재판소의 결정에 따르면, 대통령은 헌법상 대통령으로서의 직책을 성실히 수행할 의무를 부담하고 있지만 "성실의 개념은 상대적이고 추상적이어서 성실한 직책수행의무와 같은 추상적 의무규정의 위반을 이유로 탄핵소추를 하는 것은 어려운 점이 있다"고 본 것이죠. 헌법재판소는 전에도 "대통령의 성실한 직책수행의무는 규범적으로 그 이행이 관철될 수 없으므로 원칙적으로 사법적 판단의 대상이 될 수 없어, 정치적 무능력이나 정책결정상의 잘못 등 직책수행의 성실성 여부는 그 자체로는 소추사유가 될 수 없다"고 밝힌 바 있습니다. 하지만 그것이 박근혜 전 대통령에게 면죄부를 주는 것은 아니죠. 헌법재판소의 결정문을 보면 박근혜 전 대통령의 세월호 참사 당시 대응에 대해 부족하고, 부적절하다는 취지의 말이 계속 반복됩니다. 보충의견을 낸 두 재판관의 취지도 그렇다고 봐야 하고요.

세월호 참사 2년 뒤인 2016년 4월 16일, 일본 구마모토에 규모 7.3의 강진이 발생했습니다. 당시 아베 총리가 TV 앞에 선 시간이 새벽 3시 반이었어요. 세월호 가족을 비롯한 몇몇 분들은 저한테 재해재난 시에 청와대와 대통령의 역할을 명확하게 규정하는 법을 발의하라고 요구해서 지금 여러 자료를 조사하는 중입니다. 그렇게 되면 앞으로는 이런 문제에 이론이 안 생기겠죠.

또 재판부는 대통령 측 대리인단이 낸 7시간 관련 소명 자료가 부족하다고 분명히 지적했습니다. 심판 진행 중에도 수차례 보강하라고 했는데 대리인단이 제대로 못했죠. 4월 16일 당일 대통령이 보고를 받고 지시를 내렸다고 주장하는 김장수 전 국가안보실장과의 통화 내역은 제출하지도 못했고요. 다른 통화기록도 헌재가 요구했지만 내지 않았습니다. 이로

써 하나는 확실해졌어요. 저쪽에는 의혹에서 벗어날
만한 자료가 없다는 것이죠.

헌법재판소는 박근혜 대통령 탄핵심판 선고에서 2014년 4월
16일 세월호 참사 당일의 7시간 행적이 파면 사유에 해당하
지 않는다고 판단했다. 하지만 김이수·이진성 재판관은 피
청구인이 헌법과 국가공무원법에 따라 대통령에게 부여된
'성실한 직책수행 의무'를 위반했다는 보충의견을 냈다.

　두 재판관은 "국가위기 상황에 대통령은 즉각적인 의사
소통과 신속한 업무수행을 위해 청와대 상황실에 위치해야
하지만 피청구인은 사고의 심각성 인식 시점부터 약 7시간이
경과할 때까지 별다른 이유 없이 집무실에 출근하지 않고 관
저에 있으면서 전화로 원론적인 지시를 했다"며 대통령의 성
실 의무를 규정한 헌법 제69조와 국가공무원법 제56조를
위반했다고 밝혔다. 두 재판관은 피청구인이 "사고 상황을
파악하고 그에 맞게 대응하려는 관심이나 노력을 기울이지
않아 구체성 없는 지시를 한 것"이라며 "위기에 처한 수많은

국민의 생명과 안전을 보호하기 위한 심도 있는 대응을 하지 않았다"고 지적했다.

두 재판관은 피청구인 측 대리인단이 제출한 참사 당일 대통령의 행적 관련 자료도 신뢰하지 않았다. 이 자료에는 대통령이 참사 당일 오전 10시 15분부터 국가안보실장 등과 통화한 것으로 돼 있지만 정작 통화기록은 제출되지 않았다. 또 해경청장이 오전 9시 53분 이미 특공대 투입을 지시했는데 박 전 대통령이 그보다 늦은 오전 10시 30분에 해경청장과 통화하며 특공대 투입을 지시했다고 기재하는 등 모순된 점도 있다. 두 재판관은 "피청구인이 오전 9시 집무실에 출근해 정상근무를 했거나, 조금만 노력을 기울였다면 상황의 심각성을 정확히 알 수 있는 기회가 얼마든지 있었다"고 지적했다.

다만 두 재판관은 대통령의 특정 행위를 규정한 법률이 없고, 의식적으로 직무를 방임하거나 포기한 경우는 아니기 때문에 파면 사유로 볼 만큼의 '중대성'은 없다고 판단했다. 두 재판관은 "국가 최고지도자가 국가위기 상황에서 직무를 불성실하게 수행해도 무방하다는 그릇된 인식이 남겨져

| 세월호와 우리

수많은 국민의 생명이 상실되고 안전이 위협받는 불행한 일이 반복되어서는 안 된다"고 보충의견을 덧붙인 이유를 밝혔다.

3년간 손 놓고 있다가 박근혜 탄핵 5시간 뒤에 해양수산부는 세월호 인양을 발표했습니다. 그리고 2주도 채 안 돼 드러난 세월호의 처참한 모습은 다시 한번 많은 사람들을 분노와 슬픔에 빠뜨렸고요. 앞으로 세월호 진상규명 및 추모사업은 어떻게 되는 건가요?

박주민 진상규명과 책임자 처벌이 여전히 제대로 되지 않은 상태입니다. 그러니 무엇보다 진상규명이 신속하고 철저하게 이루어져야만 하죠. 3월에 선체조사위원회가 구성되어 지금 활동 중이고요. 1기 특조위특별조사위원회보다 훨씬 강력한 권한을 가지게 될 세월호 2기 특조위는 관련법이 국회에서 발의가 되어 작년 12월에 신속처리 안건으로 지정된 상태입니다. 올 11월에 처리가 되어 12월에 발족할 예정이죠. 또 그전이라도 특조위 활동과 상관없이 정부 차원에서 검찰을 통한 재수사를 진행할 수 있죠. 문재인 대통령도 후보 시절부터 검찰 재수사 혹은 정부 차원의 조사위 발족을 이미 약속한 상태이고요.

추모사업에도 관심을 가져야 하는데요. 추모 및 지원 특별법이 이미 통과가 되었는데 그에 따른 추모사업은 진척이 없는 상태입니다. 국무총리 산하에 위원회를 구성해 사업을 벌이게 되어 있는데 실질적인 사업은 전혀 이루어지지 않고 있죠. 새 정부에서 세부적인 문제들을 점검해 새롭게 추진해야 할 일들입니다.

조한혜정 교수(연세대 사회학)의 말마따나 "삼풍백화점 사고가 났을 때만 해도 사람들은 세상이 좋아질 수 있다고 생각하니까 넘어갔다." 그리고 20년이 지났다. "세월호 사건을 계기로 많은 국민들이 '세상이 좋아지지 않을 것이며, 이런 사고가 계속 날 것'임을 아주 분명하게 알아차리게 되었고, 그

| 세월호와 우리

래서 패닉에 빠진 것"이라는 그의 진단*은 정확했다.

세월호 참사 3주년을 맞아 경향신문과 정세균 국회의장실이 '세월호에 대한 국민 의견 조사'를 실시했다.** 세월호 참사 후 대한민국의 안전이 얼마나 나아졌느냐는 질문에 응답자의 86.2%가 '변화 없다'거나 '오히려 나빠졌다'고 답했다. 진상규명이 얼마나 이뤄졌는지 묻는 질문엔 '이뤄지지 않았다'는 부정적 의견이 64.4%를 기록했다. 책임자 처벌에 대해서도 '이뤄지지 않았다'는 부정적 답변이 72.3%로 나왔다. 세월호 진상규명에 특검이 필요하다는 의견은 71.4%로 조사됐다. 세월호 선체를 보존하자는 의견이 54.8%로 과반을 넘었다. 사람들은 알고 있다. 진실은 밝혀지지 않았고, 특검과 특별조사위원회가 필요하며, 대한민국의 안전은 나아진 게 없다는 것을.

---

* 이원재·황세원 지음/희망제작소 기획, 《지금 당신은 어떤 세상에 살고 싶습니까?》(서해문집 2017), 157쪽.

** 《경향신문》, 2017년 4월 12일 참조.

참사 1089일 만에 세월호가 인양되었다. 전 정부의 의지가 있었다면 유가족, 미수습자 가족을 몇 년 씩 눈물 속에 방치하지는 않았을 것이다. 진상규명 등 아직도 해야 할 일이 많다.

백준수 제공

촛불

광장에 나온 시민들이 가장 많이 언급한 것이 대한민국 헌법 제1조 2항이다. 시민들은 "대한민국의 주권은 국민에게 있고, 모든 권력은 국민으로부터 나온다"는 조항을 가슴에 품고 촛불을 들었다.

바쁜 일상 탓에 정치를 직업정치인에 맡겨 두었던 시민들이 자신이 정치의 주체라는 법적 근거를 들고 직접 나섰다. 공화국이 위기에 빠지자 시민들이 참여로 맞선 것이다.

평범한 이웃

세상에서 가장 아름다운 동네에서 살던 강정마을 주민의 절반은 전과자가 되었다. 금요일에 돌아오겠다며 수학여행을 떠난 학생들은 집에 오지 못했다. 갑자기 해고당한 쌍용자동차의 노동자 가운데 20명 넘는 이가 스스로 목숨을 끊었다. 이들과 그 가족은 특별한 사람들이 아니다. 어디서나 볼 수 있는 나의 이웃이다. 그리고 누군가는 이들의 눈물을 닦아주어야 한다.

여러 활동을 부지런히도 했더군요. 지난 총선 때 더불어민주당에서만이 아니라 다른 데서도 영입 제의가 있었겠죠?

박주민 ˙ 솔직히 말하면, 지금까지 여러 곳에서 영입 제의가 있었어요. 진지하게 제안해주신 당도 있고요. 그런데 그 당시는 정치할 생각이 없었어요. 그러다 2015년 12월쯤에 더불어민주당에서 영입 제안이 왔어요. 총선에서 새누리당이 200석을 넘네 마네 할 때였죠. 둘로 분열된 야당이 괴멸될 거라는 예상이 지배적이었어요. 언제 해도 할 거면 야당이 어려울 때, 이때 하자고 결심했죠. 결심을 하고 주변 분들에게 조언을 구했더니 다들 말리는 거예요. 조국 교수님도 말렸어요. 우선은 야당이 지리멸렬할 때 들어간다는 것은 너무 위험하고, 더 나아가서 아무것도 보장받지 않고 들어가는 게 어디 있냐면서 말이죠. 제 주변에서 찬성하거나 지지해주는 사람이 아무도 없었어요. 그리고 그때 대학에서는 교수직 제의가, 방송에서는 진행자 제의가 들어오는 등 괜찮은 제안이 올 때여서 잠시 흔들리기도 했지만, 왠지 어려울 때 뒤로 빼는 것이 비겁하게 여겨져서 결국 가는 쪽으로 마음먹었죠.

꼭 집어 말하긴 어렵겠지만, 그래도 정치를 하겠다고 마음먹은 이유가 뭘까요?

박주민 평택 미군기지, 강정마을, 밀양, 쌍용자동차, 세월호…

| 평범한 이웃

이런 일들을 하며 많은 사람을 만났어요. 사람들은 제가 현장에서 만난 피해자들이 특별하고 예외적인 사례이고, 저를 그런 소수의 특별한 사람을 대변하는 변호사로 생각하는 경우가 많았어요. 그때마다 그런 분들에게 이 문제를 좀 다르게 봐줬으면 좋겠다고 말씀드리죠. 평범한 사람에게도 일어날 수 있는 일이라고요.

금요일에 돌아오라고 수학여행을 보냈는데 아이가 집에 오질 못했어요. 정부가 국민의 생명이나 안전보다는 이윤을 앞세우는 기업에 대해 제대로 감시하지 못한다면 이런 일은 또 일어날 수 있어요. 강정은 제주도에서 가장 살기 좋은 마을이었는데, 갑자기 해군기지가 들어서게 되면서 주민의 절반 가까이가 전과자가 되었습니다. 벌금을 낼 돈이 없어서 괴로워하고 있고요. 밀양은 어떤가요. 아무런 사전 설명도 없이 주민에게 갑자기 나가라 하고, 땅을 수용하겠다고 겁박했습니다. 지금처럼 대규모 국책사업을 할 때 제대로 설명하지 않고 밀어붙여도 된다면 이런 일들

은 언제 어디서나 또 일어날 수 있어요. 쌍용자동차
는 어떤가요. 갑자기 정리해고를 당했고 그 가운데
20명이 넘는 노동자가 목숨을 끊었어요. 정리해고는
너무나 흔한 일입니다. 이게 어떻게 특별한 사람들에
게만 일어날 수 있는 일인가요?

이런 일이 생기고 현장에 달려갈 때마다 이것을 특
별한 사람들만의 문제가 아니라 평범한 이웃의 일로
봐주셨으면 하는 마음이 늘 있었어요. 그러다 보니
만날 이렇게 여기저기 다니면서 싸울 일만은 아니라
는 생각이 들었어요. 처음부터 법과 제도를 잘 갖추
어 놓으면 이런 불행한 일이 덜 생길 거라 생각했죠.
'평범한 이웃을 보호하기 위한 법과 제도를 만들어
야지' 하는 마음으로 정치에 나섰어요.

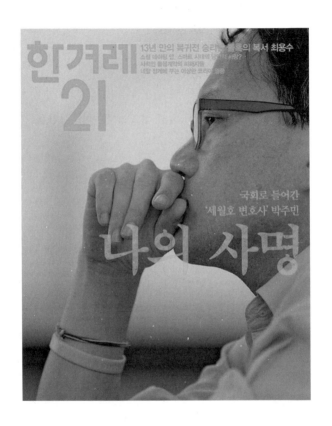

한겨레
21
13년 만의 복귀전 승리... 최용수
소셜 데이팅 앱, 스마트 시대의 낭만적 사랑?
사적인 활동제약의 피해자들
내일 정계에 무는 이상한 코리아

국회로 들어간
'세월호 변호사' 박주민

나의 사명

국회입성은 모든 언론의 관심사였다. 그러나 국가폭력에 고통 받는 사람들, 사회의 무관심으로 버려진 사람들에게 언론이 더 많은 관심 가져주기 바란다.

국민의당 후보와 단일화 과정을 거친, 서울의 유일한 야권 단일후보였어요. 늦은 공천과 낮은 인지도로 쉽지 않은 선거였는데 과반이 넘는 득표로 놀라운 반전을 보여주었고요. 그리고 "지금까지처럼 할 일은 하겠다"는 당선 소감이 인상적이었습니다.

박주민 주변에서는 마치 짧은 시간에 성장하는 사람 같다고 했어요. 선거 처음에는 기어 다니는 것 같더니 조금 지나니 걷고 있고, 또 걷나보다 했는데 뛰고 있고, 그렇게 말이죠.

그리고 무엇보다 운이 좋았던 것 같아요. 살아오면서 지금까지 쌓은 복을 선거에서 다 썼다고 생각합니다. 기존에 이 지역에서 정당 활동을 해왔던 당원들을 포함해서 좋은 분들을 너무 많이 만났어요. 누리꾼들의 전화도 많이 도움이 됐어요. 일본이나 미국에 사는 아들딸이 은평구에 사는 부모님들한테 전화했다고 해요. 박주민 찍으라고 말이죠. 이렇게 많은 사람들로부터 도움을 받은 만큼 이제는 제가 의정활동으로 돌려드릴 차례가 된 거죠. 세월호나 쌍용차에서 하던 일들을 계속할 거예요. 국회에서 그리고 당에서 외로워진다 하더라도 제가 할 일을 할 겁니다.

더불어민주당에는 우상호, 임종석, 송영길, 안희정 등 86세대 정치인들이 적잖이 있습니다. 이들과 굳이 구별해 부르자면 박주민은 97세대인데, 무엇이 다르고 무엇을 기대할 만한가요?

박주민 90년대의 학생운동은 80년대와는 달랐습니다. 운동의 고양기도 아니었고 운동의 리더가 곧 대장이 되는 중앙집중적 방식은 아니었으니까요. 따라서 전대협 같은 전국적 학생조직을 배경으로 한 대중적 스타를 배출하지도 못했죠. 우리 세대는 여러 부문에서 조용하고 꾸준히 대중들과 함께 활동하는 것을 선호했습니다. 여성운동, 환경운동, 인권운동, 시민운동이나 지역운동 등의 사회운동 분야에서 잘 드러나지는 않지만 대중과 함께 호흡해온 분들이 많이 있습니다. 이제 40대에 들어선 이 그룹들이 86세대 그룹과는 또 다른 정치적 모델을 만들어가는 과정에 있는 것 같아요. 저도 그런 가운데 하나이고요.

김종인, 박지원, 손학규, 서청원 등 원로들이 여전히 정치 일선에서 활약하고 있습니다. 정치학자들은 이러한 장로정치 gerontocracy가 청년 세대의 과소대표 현상을 불러일으키며 민주주의의 활력을 떨어뜨린다는 지적도 있고요. 지난 19대 때만 해도 청년 비례대표로 김광진 의원당시 31세이나 장하나 의원당시 35세도 있었는데 이번에는 더불어민주당이 그렇게 젊어 보이지는 않습니다. 청년 비례대표 기준 연령도 45세였고요. 청년들의 꿈이 한국을 떠나는 거라는 비관적인 말도 나오는데, 이런 현상을 어떻게 보나요?

20대 국회의원의 평균 나이는 55.5세로 역대 최고령이다. 김영삼 전 대통령은 지금부터 63년 전인 1954년에 26살의 나이로 국회의원에 당선됐다. 20대 국회의 지역구 의원 가운데 20대는 아예 없다. 북유럽 선진국인 스웨덴, 핀란드, 노르웨

이는 20대 의원이 전체 의원의 10%가 넘는다. 게다가 대부분의 나라는 18세부터 투표권을 갖는다. 아르헨티나, 오스트리아, 브라질, 인도네시아 같은 나라는 16~17세부터 투표를 한다. 의회가 있는 나라 가운데 18세에도 투표권이 없는 나라는 바레인, 레바논, 말레이시아, 오만, 그리고 한국뿐이다.

박주민 제가 우리 당에서 김해영 의원, 이재정 의원 다음으로 젊습니다. 그분들도 이제 모두 40대죠. 젊은 사람들이 의회에 없다는 것은 청년들의 고민이나 어려움이 정치적으로 반영되는 데 어려움으로 작용할 수 있어요. 앞으로는 청년들의 정치적 진출을 도와야 할 것입니다. 물론 지난 미국 대선에서 버니 샌더스를 보면 나이가 곧 정치적 활력을 좌우하는 건 아닌 것 같고요. 다만 우리 의회 문화가 다소 경직된 건 부인할 수 없는 것 같습니다. 초선, 재선, 그리고 삼선 이상이 맡는 역할이 이미 정해져 있거든요. 하지만 누가 몇 선이냐는 선수選數보다는 국민적 지지나 열망을 더 중요하게 여기는 쪽으로 의회 문화가 바뀌어야 된다고 생각합니다.

그러려면 어떤 변화가 필요합니다. 국회의원 하나하나는 모두 개별적인 입법기관이잖아요. 과감하게 대중과 호흡하고 대중의 지지를 끌어내는 문제를 고민해야죠. 대의제의 패러다임이 형식적인 면에서나 내용 면에서도 변하고 있지 않습니까? 젊은 초선이라도 위축되지 말고 자기가 생각하는 비전과 정책에 대해 대중과 과감하게 소통할 필요가 있다고 봅니다. 그렇게 하면서 청년 세대로부터 정치적 관심과 지지를 받게 되고, 그것이 다시 청년을 위한 정치를 구축하는 에너지로 바뀔 수 있다고 봅니다.

청년의 취업이나 주거 상황 등은 전례 없이 악화되고 있고, 오히려 지자체 차원에서 이런 문제에 관심을 가지고 나름대로 대응하고 있는데도 사실상 중앙 정부는 큰 그림을 보여주지 못하고 있는 실정이잖아요. 이제 우리 당도 이 문제에 대해 청년들과 부대끼고 소통하면서 적극적으로 나서야 합니다.

박주민 의원은 지난 4월 청년정책의 기초를 마련하는 '청년 기본법 제정안'을 대표발의했다. 이 법안에는 국가와 지자체가 청년실업 부조 등 청년 지원금을 지급할 수 있게 하자는 내용도 포함됐다. 법안은 청년을 19세 이상 34세 이하인 사람으로 정의한다. 대통령 소속으로 청년위원회를 설치하고, 기획재정부장관은 5년마다 청년정책에 관한 기본계획을 수립해야 한다. 청년단체에 대한 국가와 지자체의 행정적·재정적 지원을 규정하고, 청년참여회의를 개최해 청년 당사자가 정책 결정 과정에 참여할 수 있도록 하는 내용을 담고 있다.

정치를 지망하는 청년들과 대화할 기회가 적지 않을 텐데요.
어떤 이야기를 주로 나누나요?

박주민 며칠 전에도 청년을 위한 프로그램에서 대학생들과
　　　이야기할 기회가 있었어요. 정치에 적극적인 관심을
　　　보이는 20대들이 의외로 많아 놀랐습니다. 다만 정
　　　치를 너무 기술적으로 접근하는 게 아닐까 하는 인
　　　상을 받았어요. 그래서 물었죠. 이게 굉장히 힘든 일
　　　인데 왜 하려고 하느냐고요. 혹시 화려한 겉모습만
　　　보는 건 아닌지 한번 스스로 자문해보길 권하기도
　　　했어요. 정치는 굉장한 소명의식이 있어야만 살인적
　　　인 일정과 압박을 견딜 수 있다고 생각하기 때문이죠.
　　　또 줄을 잘 서서 특정 지역에서 특정 정당으로 입문
　　　하면 쉽게 당선되는 경우도 있지만, 그런 정치인이
　　　되려는 건 아니지 않느냐고 되묻기도 합니다. 정치라
　　　는 직업에 대해 좀 더 근본적으로 고민하고 그에 걸
　　　맞은 태도를 갖추는 것이 무엇보다 중요하다는 말을
　　　꼭 전하고 싶어요.

　　　　　　　　　　　　　│ 평범한 이웃

우리나라의 성공한 엘리트들이 보이는 특징이 있습니다. 판검사 출신이든, 고위 관료 출신이든, 아니면 교수나 의사 출신이든 각 분야의 엘리트들이 정치만큼은 고유한 전문 분야로 보지 않는다는 것이죠. 자기가 정치를 하면 지금 정치인보다 훨씬 잘할 거라 믿는 것 같아요. 부패하고 무능한 기존 정치인에 비해 자신의 리더십과 자질이 우월하다고 자신하는 거죠. 직업으로서의 정치가 동반해야 할 소명과 윤리의식에 대해서는 아무런 성찰도 없어 보이는데 말이죠. 정당에 대한 오해와 편견도 심각합니다. 그러니 당원이나 대의원에 대한 이해도 천박하기 그지없죠. 이명박 전 대통령이나 반기문 전 사무총장, 안철수 전 의원도 그랬을 것 같고요. 정치가 그렇게 만만하던가요?

박주민 공감합니다. 저도 공익변호사 활동을 오래하면서 나름대로 준비됐다고 생각했는데, 막상 들어와 보니 어렵더라고요. 어려울 거라 짐작은 했지만, 지금까지 해왔던 그 어떤 일보다 훨씬 더 어려웠습니다. 박범계 의원을 비롯한 주변 분들도 제가 막상 당선되니 약간 겁을 주시더라고요. 밖에서 욕할 때가 좋았지 이제 고생 좀 할 거라고 말이죠.

국회 들어온 지 한 달쯤 지나서 보좌진들하고 그런 얘기도 했어요. 이러다 임기 내내 아무런 성과도 못 남기는 거 아니냐, 하려던 일 하나도 못하는 거 아니냐고 말이죠. 사실 그때는 겁도 났어요.

몇 달 지나면서 가닥을 조금씩 잡겠더라고요. 일머리를 좀 알게 되었어요. 동료의원들한테 어떻게 협조를 받아야 하는지, 원내대표에게 어떻게 하면 제가 발의한 법안이 중요한 법안이란 걸 알릴 수 있는지…. 또 하나 알게 된 것은, 변호사로 일할 때처럼 나 자신을 내려놓으니까 일이 더 잘 풀리더라고요. 체면 생각하면서 움직이면 할 수 있는 일이 별로 없을 수도 있는데, 해야 할 일에만 집중하면 된다고 마음먹었어요. 그러니까 미소도 절로 나오고 인사도 잘하게 되고 심지어 동료 의원들에게 아양도 떨게 되고 그러더라고요.(웃음)

또 열심히 일하면서 지내다보니 저의 좀 독특한 스

| 평범한 이웃

타일도 좋게 봐주시더라고요. 가방 메고 다니는 거나 정장 잘 안 입고 다니는 거나, 좀 거슬릴 수도 있는데 이제는 다들 인정해주시고요. 그러니까 자신감도 생기고요. 이제 여당이 되면 좀 더 안정된 환경에서 일할 수 있을 거 같다는 기대도 있습니다. 더 열심히 해야죠.

노트북, 책과 서류, 혹시 모를 노숙과 외박에 대비한 생필품 등을 챙기려면 백팩이 가장 좋다. 별 생각 없이 메고 다니던 백팩이 트레이드마크가 될 줄은 몰랐다.

더불어민주당은 계속 진화하고 있는 것 같습니다. 이번 경선 때 214만 명이 선거인단으로 등록했는데 참여율이 75.8%였어요. 2012년에는 110만 명 등록에 투표율이 56%에 그친 것에 비하면 놀라운 발전이죠. 더불어민주당에 대한 지지자들의 팬덤이 정치 엘리트들의 활동에 의해 하루아침에 이뤄진 게 아니라는 점에서 더 고무적인데요.

박주민 다행이죠. 총선 전 국민의당과 분화할 때도 10만 명의 입당 러시가 있었고 그것이 총선 승리의 큰 동력이 되었습니다. 가까이는 촛불 혁명, 멀리는 2012년 대선과 노무현 전 대통령 서거 때부터 서서히 형성된 지지층이라고 봐야 할 것 같아요. 또 지역에서의 생활정치와 당원 활동, 촛불집회 참여, 적극적인 팟캐스트 소비를 통한 여론 형성 등 10년 가까이 정치에 참여하며 만들어낸 진보적 시민들의 열망이 구현된 것이죠.
적극적인 참여가 좋은 대표를 낳고 그것이 다시 좋은 정책으로 이어지는 선순환의 구조가 만들어질 수 있다는 기대가 들기도 합니다. 그런 것들이 더불어민주당의 훌륭한 자산이 될 수 있도록 저희들이 더 노력해야죠. 제도적으로나 문화적으로 그런 풍토가 만들어져야 합니다.

단기간에 완성될 그림은 아니니 그러려면 21대에도 국회의원을 해야 하는 거 아닌가요? 최소한 재선 이상은 돼야 수많은 이해당사자나 공무원들 사이에서 제대로 일할 수 있다고 말하는 분들도 있고요.

박주민 (아이고) 너무 피곤합니다. 이제 초선 1년차인데 그런 말 꺼내는 게 시기상조이기도 하고요. 무엇보다 제가 잘할 수 있다는 판단이 먼저 서야 하는데, 아직은 잘 모르겠습니다.

법사위법제사법위원회와 여가위여성가족위원회에서 상임위 활동을 하고 있습니다. 의정 활동의 꽃이 상임위 활동이라고 말하는 이들이 있는가 하면, 상임위에서 언론사 카메라만 의식할 뿐 의원들이 제 역할을 못한다는 비판도 있습니다. 그리고 그것이 정당이나 의원의 실력 저하로 이어진다는 비판인데, 실제 그런가요?

박주민 상임위에서 하는 일이 소관 법안에 대한 심사, 피감 기관에 대한 국정감사나 현안질의 등 감독, 그리고 예산, 이렇게 세 부분인데요. 중요하고 기본적인 일들 이죠. 그렇기 때문에 원칙적으로는 맞는 지적입니다. 그런데 예전보다 상임위 권한이 약해졌습니다. 국회 선진화법 탓도 있고 정부가 국회를 무시하는 풍토가 강해지기도 했고, 이렇게 국회 권한이 축소되면서 자동적으로 상임위 권한도 줄었고요. 그렇기 때문 에 상임위 활동만으로 의원의 실력이나 자질을 평가 하는 것은 문제가 있어 보입니다. 최근에는 국회 권 한축소나 국회선진화법의 한계를 뛰어넘기 위해 시 민과 직접 소통하면서 시민들의 지지를 의회 안으로 끌어오는 활동도 중요해지고 있거든요. 의원이 국회 안에서 일하면 되지 밖에 나가서 뭐하는 거냐는 비

판도 있지만, 의회 안에서만 무얼 하려고 하면 잘 안
되는 경우가 많습니다. 시민사회와 소통하며 직접 에
너지를 끌어오는 것, 의회주의에 갇히지 않는 어떤
모델이 필요합니다.

지난 더불어민주당 경선 때 다른 후보 말고 문재인 후보를 지
지한 특별한 이유가 있나요? 영입 과정에서의 인연이 작용했
을 것도 같은데요.

박주민 문재인 전 대표가 영입 과정에서 저를 특별히 챙겨
준 건 없어요. 영입된 뒤 문재인 전 대표와 영입 인사
여럿이서 식사 한 번 한 게 전부입니다. 많은 분들이
제가 문재인 후보를 돕는 것을 제가 진 빚 때문에 그
렇다고 보시는데 딱히 빚진 건 없다는 거죠(웃음).
다만 총선 캠페인 과정에서 깊은 인상을 받은 일이
있습니다. 문재인 전 대표가 서울 지역 지원 유세를
시작하면서 가장 먼저 찾은 곳이 제가 뛰고 있던 은
평구였어요. 거리 유세를 한 차례 마치고 노인복지센

| 평범한 이웃

문재인 대통령에게 빚진 것은 없지만

영입인사들과 밥은 한 끼 얻어먹었다.

다만 그의 진정성은 추호도 의심하지 않는다.

터를 저와 같이 들렀는데, 마침 점심 식사 때였어요. 문 전 대표가 어르신들께 차례차례 인사를 드리고 있었는데, 손을 잡아드리려다 옷자락에 쓸려서 한 분의 숟가락이 그만 바닥에 떨어진 거예요. 떨어진 숟가락을 주워들은 뒤 죄송하다고 사과를 하고 수행하는 분에게 새 수저를 가져다 드리라고 부탁하는 거예요. 저는 그렇게 상황이 종료됐다고 생각하고, 이제 다음 유세 장소로 옮기자고 말씀드렸죠. 그랬더니 저한테 화를 내시더라고요. 아직 숟가락이 안 왔는데 어딜 가냐고 말이죠. 너무 정색하고 화를 내서 제가 깜짝 놀랐어요. 곧바로 새 숟가락이 오고 그걸 받아서 아까 그 어르신한테 드리며 다시 죄송하다고 고개 숙여 사과하고 나서야 자리를 뜨더라고요. 그 때 제가 알았어요. 말로만 듣던 문재인이 어떤 사람인지를….

이후 몇 차례 만나 뵈면서 제 생각과 비슷한 생각을 가지고 계시다는 점도 확인했고, 더 나아가서 잘 준비되어 계시다는 인상도 받았기에 이재명 시장과 안

　　　　　　　　| 평범한 이웃

희정 지사 쪽에서도 대선 캠프 참여 제의를 여러 번 받았지만 정중히 거절하고 문재인 캠프에 합류했습니다. 많이 고민하지 않았어요.

박주민은 대선 기간에 출간된 한 책에서 문재인과의 다른 일화도 공개했다.

"김관홍 잠수사가 돌아가셨을 때도 그러했다. 당시 히말라야에 머무르고 있었던 문재인 후보가 화환을 보내왔다. 나는 솔직히 화환을 보내준 것만도 대단하다고 생각했다. 그런데 문재인 후보는 그게 마음에 두고두고 걸렸었나 보다. 귀국하자마자 내게 연락이 왔다. 김관홍 잠수사의 가족들을 찾아뵙고 싶다는 게 요지였다. 그러면서 김관홍 잠수사의 아이들이 가지고 싶어 하는 선물에 대해 세세히 물어보았다. 나조차도 신경을 제대로 못 쓰고 있었는데 문 후보의 이런 태도가 나 스스로를 매우 부끄럽게 만들었다.

크리스마스가 얼마 남지 않았을 무렵 함께 방문하기로 약속하고 날을 잡은 뒤, 다시 한번 연락이 왔다. 김관홍 잠

박주민과 더민주
@yoeman6310

뭐라고 해야할지....글을 쓰다가도 눈물이
흐른다. 원망스럽기도 하지만 너무
미안하다.

수사의 아이들이 뭘 좋아하는지, 뭘 갖고 싶어 하는지 알아 봐달라는 내용이었다. 대부분의 사람들이 사람을 존중하고 사랑하지만 그 마음을 매번 예의 있게 드러내는 일은 참으로 어렵다. 내가 겪은 문재인 후보는 사람에 대한 애정과 예의를 가장 중요시하는 사람이다."*

많은 지지자를 두었던 어느 정치인이 그런 말을 하더군요. 지지자들은 자신의 정치적 욕망을 실현하기 위해 나를 도구로 쓰는 건데, 언제 그들로부터 버림을 받을지 한편 두렵기도 하다고요. 인기 많은 정치인은 연예인 못지않은 팬덤이 따르기 마련입니다. 하지만 그만큼 사람을 빨리 쓰고 빨리 버리는 현상이 벌어지기도 하는데요. 자신이 어찌어찌 쓰이다 버려질 것 같은 두려움은 없나요?

박주민 지지하셨던 분들이 저를 버리는 일, 언젠가는 그런

* 박주민, 〈호락호락하게 잊지 않을 사람〉, 《그래요 문재인》, 은행나무, 2017.

일이 있을 수도 있다고 생각해요. 특히 진보는 조금만 흠이 있어도 욕을 먹지 않습니까. 보수는 똥칠을 해도 안 그렇지만요. 그런 일을 생각하면 두렵습니다. 그렇지 않으면 사람이 아니죠. 정치를 결심할 때도 사실 그런 게 가장 겁이 났어요. 하지만 내가 진심으로 성실히 일한다면 알아주시지 않을까 하는 기대가 더 컸습니다.

그리고 오히려 이런 생각도 가끔씩 하죠. '내가 너무 인기를 의식하면 내 소신껏 못할 것 같다. 인기와 표를 쫓기만 하면 안 된다'고. 대중과 소통도 하고 여러 사람의 목소리에 귀 기울여야 하지만, 그것만 처다보면 실수할 수도 있다는 경계심을 가지려 노력합니다. 다시 말하지만 성실히 그리고 진심으로 일하는 것이 최고인 것 같아요. 투수도 직구를 잘 던지는 투수가 제일 오래 간다고들 하잖아요.

김대중 전 대통령은 정치의 여러 덕목 가운데 '성실'이 으뜸이라고 했다. 성실한 정치인은 설령 한번 실수를 한다 해도 대중의 지지를 바로 만회할 수 있다. 그것이 얼마나 이루기 어려운 삶의 태도인지 대중들도 잘 알기 때문이다.

헌법은 나의 힘

《워싱턴포스트》는 박근혜 대통령의 파면 속보를 전하면서 그를 탄핵하는 데 필요한 것은 "국민과 헌법이 전부였다"고 전했다. 시민들은 언제부터인가 헌법을 소중히 여기기 시작했다. 박주민은 변호사 시절 위헌 판결을 4건이나 받아냈으며 2016년 탄핵심판에서 청구인(국회) 측 소추위원으로 활동했다.

헌법에 대한 일반 시민들의 관심이 점차 높아지고 있습니다. 서점가에서 관련 책들이 많이 팔리기도 하고요. 원인이 뭘까요?

박주민 1990년대 초반까지만 해도 헌법은 액세서리, 즉 장식에 불과한 것으로 치부됐어요. 법조인들도 큰 관심이 없었습니다. 그러다가 김대중, 노무현 정부를 지나면서 시민들의 권리의식은 점차 높아졌는데 이명박 정부나 박근혜 정부 들어서 시민들은 오히려 자신의 정치적 권리가 정부에 의해 침해되고 있다고 생각하면서 헌법을 찾게 되고 더 자세히 알고 싶어지게 되었어요. 국가가 권리를 침해하자 헌법에 의지해 자신의 권리를 보장받고자 했던 거죠.

광우병 촛불시위나 이번 박근혜 탄핵 정국에서도 "대한민국은 민주공화국이다. 대한민국의 주권은 국민에게 있고, 모든 권력은 국민으로 나온다"는 헌법 제1조를 시민들이 자꾸 내세웠잖아요. 대통령을 비롯한 정부, 대의기관인 국회에 국민주권의 원칙을 깨우쳐주려 했던 겁니다. 국민이 주인임을 보장한 문서를 들이미는 거죠.

남들은 평생 1건도 어렵다는 위헌판결을 4건이나 받아냈습니다. 흔치 않은 경우죠?

박주민 흔치는 않죠. 난이도도 그렇지만 위헌소송을 진행하는데 보통 1년 반 이상 걸리니까 시간상으로도 쉽지 않습니다. 다들 밥 벌어먹고 살아야 하는데 돈도 안 되는 위헌소송에 누가 시간을 그렇게 투자해 매달리

헌법 제1조

글, 곡 : 윤민석

대한민국은 민주 공화국이 다   대한민국은 민주 공화국이 다

대한민국의 모든 권 력 은 국민 으로부터나 온   다

국민이 주인임을 보장한 문서가 헌법이다. 국민이 주인임을 자꾸 잊어버리는 정부와 국회에 국민주권의 원칙을 깨우쳐주기 위해 촛불국민은 헌법 제1조를 노래로 만들어 불렀다.

겠습니까.

야간집회를 금지한 집시법집회 및 시위에 관한 법률 10조에 대해 위헌 판결*을 받아내서 2009년에 올해의 판결로 선정된 적도 있는데, 그때도 시간이 정말 오래 걸렸습니다. 노무현 대통령 장례식 때 설치된 차벽이 위헌 아니냐며 헌법재판소에 심판을 구한 소송에서도 위헌 판결을 받았죠. 집회나 시위의 자유가 정말 중요해요. 다른 기본권을 실현시키는 수단으로 사용되는 기본권이자 민주주의를 작동시키는 제도적인 요소이기 때문이죠. 사실 우리 헌법의 전문에 명시된 현대사의 주요한 두 사건, 그러니까 3·1독립운동과 4·19혁명이 모두 집회와 시위였어요. 지금의 9차 개정 헌법을 탄생시킨 1987년 민주항쟁 역시 시민들

---

* 헌법재판관 5명은 위헌 의견을 냈고 2명은 헌법불합치 의견을 냈는데, 위헌 결정에 필요한 정족수 6명에 미치지 못해 헌법불합치라는 절충적 결론이 났다. 헌재는 결정문에서 "야간 옥외집회에 관한 일반적 금지를 규정한 집시법 10조 본문과 관할 경찰서장에 의한 예외적 허용을 규정한 단서 조항은 그 전체로서 야간 옥외집회에 대한 허가를 규정한 것이라고 보지 않을 수 없고, 이는 헌법 21조 2항(언론·출판에 대한 허가나 검열과 집회·결사에 대한 허가는 인정되지 아니한다)에 정면으로 위반된다"고 판시했다.

의 참여가 만들어낸 거대한 집회와 시위였죠.

2017년 1월에 헌법재판소법 개정안도 발의했던데, 그것을 그간 위헌소송을 진행하면서 느낀 문제의식이 반영된 것으로 보아도 될까요?

박주민 헌법재판소나 대법원의 구성이 너무 편향적이에요. 소수자나 약자의 이익과 권리를 보호하기 위해 설립된 헌법재판소의 재판관들 역시 사회 각계각층의 입장을 두루 살필 수 있는 사람들로 구성해야 한다고 봅니다. 현행 법률에 따르면 헌법재판관은 15년 이상 경력을 가진 40세 이상의 판사·검사·변호사가 주로 될 수밖에 없어요. 이번에 발의한 개정안은 비법조인 출신 법학 교수도 헌법재판관으로 임명할 수 있도록 했어요. 그래야 다양성이 보장될 수 있죠.

대법관 구성도 마찬가지라고 봅니다. 지금대로라면 명문대학 출신의 고위직 판검사 출신이 대부분 대법관이 될 수밖에 없어요. 그러니 대법원은 서울대 법대 경로당이라고 비아냥거리지 않습니까? 적어도 대법관의 3분의 1은 변호사 자격 없는 비법조인 출신의 법학 교수로 임명하자는 법원조직법 개정안도 그래서 이번에 같이 발의했어요. 국민의 일상에 중대한 영향을 미치는 법적 다툼을 최종적으로 판단하는 대법관의 구성이 편향될 경우 그것이 곧 편향된 판결로 이어질 위험이 있다는 겁니다. 이런 이야기가 전부터 계속 나왔었는데 기존의 판검사들이 심하게 반발해왔죠. 국회를 통과하기가 쉽지는 않을 겁니다.

우리 헌법이 1987년에 마지막으로 개정된 지 30년이 되었습니다. 개헌 이야기가 여기저기서 나오고, 어떤 이는 몇 달이면 충분히 개헌 작업을 마칠 수 있다고까지 말하기도 합니다. 비폭력 탄핵이라는 수준 높은 헌법주의를 실현하고서도 그것이 수준 낮은 개헌으로 귀결될까 염려하는 이들도 있습니다. 어떻습니까?

박주민 몇 달 운운하는 건 말도 안 되는 소리죠. 개헌을 말하는 분들 대부분은 기본권이나 경제민주화 조항이 아니라 권력구조의 개편에 관심이 많습니다. 그렇다 보니 짧은 기간 내에도 개헌을 끝낼 수 있다고 생각하는데, 한 번 개헌하면 몇 십 년을 써야 하는 헌법인데 개헌하려면 권력구조 개편뿐만 아니라 기본권이나 경제민주화에 관련된 다른 내용들도 시대에 맞게 고쳐야 하고 그러려면 시간이 턱없이 부족하지요. 물론 의원내각제든 이원집정부제든 대통령 중임제든 어느 하나로 합의를 모으는 일 자체도 쉽지 않습니다. 하지만 더 큰 문제는 이번에 촛불 시민혁명을 일으킨 민심이 원하는 건 개헌이 아니라는 겁니다. 촛불이 가리킨 건 개혁이죠. 재벌 개혁, 검찰 개혁, 언론 개혁, 국정원 개혁, 이런 것들이 개헌보다 시급하다고 믿는 거예요. 개헌 이슈가 아닙니다.

개혁은 법을 바꾸면 되는 거예요. 검찰청법, 법원조직법, 국정원법, 공정거래법과 상법, 언론 관련법을 개정하면 됩니다. 그런 개혁 작업을 진행하다 법 개정만으로 안 되고 큰 그림으로서의 헌법을 고칠 필

| 헌법은 나의 힘

요가 있겠다 싶을 때, 그때서야 개헌 문제를 논의하면 보다 자연스러울 것 같아요. 그런데 중간과정 다 생략하고 곧바로 헌법부터 뜯어고치자는 건 앞뒤가 바뀐 주장으로 보입니다. 개헌을 주장하는 분들 대부분은 정작 그보다 손쉬운 법 개정을 통한 개혁 과제 완성에 대해서는 별로 관심이 없어요.

그래서 저는 법 개정을 통해 개혁 과제를 처리하면서 개헌이 필요한 과제들을 하나씩 확인해나가는 작업을 먼저 하자는 겁니다. 동시에 민의를 제대로 반영하는 다음 국회를 구성하기 위해 선거법을 (보수 세력이 과대 대표되지 않게끔) 독일식 비례대표제로 바꾸고, 그런 제도 위에서 국민의 의사가 정확히 반영된 의석배분 비율로 꾸려진 21대 국회에서 헌법 개정을 주도하게 하면 어떨까 생각합니다. 3~4년 정도 시간이 걸리겠지만 그만큼 국민의 요구에 맞게 개정 방향과 흐름을 잡아낼 수 있게 되는 거죠. 남아프리카공화국이나 아일랜드, 아이슬란드의 개헌 과정처럼 시민참여도 보장해서 새 시대에 걸맞은 대한민국 헌법을 만들어낼 수 있다는 겁니다.

우리나라는 1948년 처음 헌법을 만든 이래 모두 9차례 개헌했다. 4·19혁명 뒤의 3차 개헌(1960)과 6월 항쟁 뒤의 9차 개헌(1987) 때 국민의 의사가 간접적으로 반영된 적은 있지만 지금까지 모든 개헌은 국민을 배제한 채 국회가 주도했다. 2017년 1월부터 활동하는 20대 국회의 개헌특위도 여야 의원 36인으로만 구성됐다. 하지만 세계적인 흐름은 시민의 참여를 보장하고 시민의 의사를 존중하는 시민 주도형 개헌으로 가고 있다.

　인종차별로 갈등을 겪은 남아프리카 공화국의 1996년 개헌은 시민참여 모델의 전형으로 꼽힌다. 민주적인 흑백 공동체를 위한 2년간의 협상 끝에 1994년에 490명으로 구성된 헌법의회를 만들었고, 다시 2년 동안 각계각층의 국민 여론을 수렴하고 초안을 수정해가면서 마침내 1996년에 새 헌법을 공포했다. 개헌에 4년이 걸렸지만 미래 헌법의 모델로 평가받는다.

　　　　　　　　　　　　|　헌법은 나의 힘

2011년부터 시작된 아일랜드의 헌법 개정 작업도 아직까지 진행형이다. 총선에서 개헌을 공약한 주요 정당들은 2012년 의회에 헌법회의를 구성했다. 시민 66명과 의원 33명, 의장 1명, 총 100명으로 구성되었는데 무작위로 선출된 시민 대표가 의원보다 두 배나 많다. 시민들로부터 의견을 받고 있으며 전체 회의는 인터넷으로 중계된다. 여전히 개헌 사항 등을 논의 중이며 최종안이 마련되는 대로 국민투표에 부쳐질 예정이다. 2009년부터 시작된 아이슬란드의 개헌 작업도 아직 진행 중인데 각계 대표 1500명으로 구성된 국민회의가 개헌을 주도하고 있다.

문재인 대통령도 후보 시절부터 내년 지방선거 때 개헌 국민투표를 함께 실시하자고 여러 번 말했습니다. 국민 기본권과 지방분권 강화, 대통령 중임제와 선거제도 개편 등 개헌의 방향에 대해서도 입장을 밝혀왔고요. 그리고 국민의 참여를 통한 개헌이 가장 중요하다며, 새 정부는 대통령 산하에 국민이 참여하는 개헌 논의기구를 만들어 국민여론을 수렴하면서 국회 개헌특위와 함께 개헌안을 만들 것이라고 천명했습니다. 말은 쉽지만 국회 내에서조차 합의를 보기는 쉽지 않아 보이는데요.

박주민 개헌은 새 정부에서 구체제 청산 작업과 개혁 입법을 하고 나서 시민의 뜻을 모아 진행돼야 한다는 쪽으로 의견이 모아지고 있습니다. 하지만 대통령제에 가까운 분권형이냐, 또는 내각제에 가까운 분권형이냐 하는 합의도 쉽지 않은 게 현실이죠. 각계의 의견을 듣고 공개토론도 진행하면서 수렴해가야 할 문제입니다.

그런데 개혁을 위해선 선거법개정이 꼭 필요합니다. 지금의 정당 구조, 국회 구조를 바꾸지 않고서는 그 어떤 개혁도 불가능하기 때문입니다. 현실적으로 국회 구성을 바꾸려면 선거제도를 바꾸는 방법밖에 없어요. 탄핵의 완성이 선거제도 개혁으로 이어지고, 그것이 다시 국민의 의사를 제대로 반영하는 국회의 탄생으로 완성돼야 한다는 겁니다. 정당 득표율대로

| 헌법은 나의 힘

의석을 배분하는 연동형 비례대표제로 선거제도를
개편해야 해요. 그래야 각 정당들이 정책에 대한 저
마다의 분명한 입장을 가지게 되고, 또 유권자는 그
결과를 평가하기 쉽고 또 책임을 묻기도 수월해지게
되는 것이죠.

이에 대해서는 유인태 전 의원이 알기 쉽게 설명한 바 있다.
유 전 의원은 4년 중임제 분권형 개헌안과 연동형 비례대표
제 개편안을 준비해 2018년 지방선거 때 함께 국민투표에
부치는 방안을 제안하며 이렇게 말한다.

"개헌보다 선거 제도 개편이 훨씬 어렵다. 이 두 가지를
동시에 개정하지 않고서는 지금과 같은 대결의 정치 문화
가 극복될 수가 없다. 한 번 보자. 우리 헌정사에서 50% 이
상의 국민 지지를 받은 정당이 국회 과반 의석을 얻은 일은
1967년 총선 딱 한 번뿐이다. 17대 총선에서도 열린우리당
이 40% 지지율로 과반 의석을 얻었고 19대 총선 때도 한나
라당이 약 42%의 지지율로 153석을 가져갔다. 이런 선거 제

도를 그대로 놓고 분권형 개헌을 한다면 40%의 지지를 받는 정당이 단독정부를 수립하는 꼴이 생긴다. 이런 문제를 해결하려면 연동형 비례대표제를 도입하는 것이 가장 좋다. […] 분권형 개헌에도 여러 가지 방식이 있는데 […] 4년 중임제 분권형이 바람직하다고 본다. 대선은 지방선거와 함께 하고, 대선 뒤 2년 후에 총선을 하는 방법도 논의했으면 한다. 대선과 총선을 같이하는 것보다 대선과 지방선거를 같이하는 게 더 안정적이다. 대선과 총선을 같이하면 새로 뽑힌 대통령과 총리가 한꺼번에 갑자기 들어서게 되는 거니까.

2022년에 지방선거가 있다. 만약 방금 말한 대로 2+2 방식으로 하면 2022년 지방선거와 함께 분권형 4년 중임 대통령을 선출하고 2020년에 구성된 21대 국회가 2년 후인 2022년에 총리를 선출하게 된다. 이 경우 조기대선으로 뽑힌 이번 대통령의 임기가 지방선거 때 끝나게 된다."*

---

* '개헌 장사꾼들이 개헌을 망치고 있다', 《프레시안》, 2017년 3월 17일.

법과 사람

'유전무죄, 무전유죄'를 외친 지강헌의 인질극도 30년이 다 돼간다. 법이 만인에 평등하다고 믿는 한국인은 여전히 없는 것 같다. 시민은 더 똑똑해졌고 변호사도 더 많아졌으며 1인당 국민소득은 6배나 늘었지만 법에 대한 믿음은 커지지 않았다.

법률가에게는 대중의 기대치가 있습니다. 복잡한 선발 과정을 거치고 특별한 훈련을 받은 탓에 일반 시민보다 민주주의와 평등의 원칙들에 대해 훨씬 더 심사숙고할 능력을 갖추었으리라 믿기 때문일 텐데요. 하지만 지난 탄핵심판 때 박근혜 측 대리인으로 나선 이들의 민낯을 보며 많은 시민들이 실망했습니다. 서석구 변호사는 판사 출신이고 김평우 변호사도 대한변호사협회 회장까지 지낸 인물이지 않습니까?

박주민 보수/진보라는 가치 지향이 있을 수는 있고, 추상성

높은 규범을 해석할 때 법률가 개인의 신념과 사상이 투영될 수는 있겠지만 어디까지나 법률가로서의 판단이라는 테두리 안에서 이뤄져야 한다는 게 상식입니다. 많은 분들이 그래야 한다고 생각하는데, 현실은 그렇지 않은 게 신기하죠.

사실 대부분의 법률가는 그저 '법 기술자'에 지나지 않는다는 비판을 받고 있습니다. 이익을 위해 기술을 쓰는 정도의 편의주의적 관념이 현실 법조계를 지배하는 거죠. 법의 정신이 뭔지, 법의 한계가 뭔지, 사회가 어느 쪽으로 가야 하는지에 대한 고민 따위는 없습니다. 법률가를 지망하는 학생들의 경우 역시 비슷할 것이라고 보아요. 판사, 검사, 변호사가 좋은 직업이라 그걸 선망하는 분들이 많을 거예요. 엄마가 판사 하랬어요, 아빠가 검사가 좋대요, 이런 말을 연수원에서 실제 듣기도 했습니다.

| 법과 사람

박근혜 게이트의 전조 현상이었다고나 할까요. 진경준, 김형준, 홍만표 같은 검사 출신의 모럴 헤저드를 지켜보았습니다. 타락한 칼을 쥔 공직자들이죠. 판사 출신의 최유정 변호사 사건도 있었고요. 그리고 우병우, 김기춘 같은 야심찬 이데올로그 법률가도 시민들을 놀라게 했습니다. 어떻게 이런 일들이 가능했을까요?

박주민 성공 지상주의 앞에 도덕관념이나 직업적 소명의식이 완전히 무너진 겁니다. 통제할 만한 어떤 장치도 제대로 작동하지 않았고요. 저는 그분들만 그렇게 살았다고 보지 않아요. 대한민국 엘리트 사회에 광범위한 현상이죠. 그런 것들이 탄핵심판 과정에서 드러나지 않았나요?

법조인이 되는 것, 그 자체가 목적인 사람들이 많아요. 법률가로서의 소명의식이 전혀 없는 거죠. 지금도 법률가를 꿈꾸는 많은 후배들이 있는데 그게 좋은 직업이어서 그런 '거지, 내가 법률가로서 뭘 어떻게 하겠다는 알맹이가 없습니다. 그러니 일단 검사가

되면 검사장 되기만 바라보는 거고, 판사가 되면 부
장판사 되기만 바라는 거죠. 올라가야 할 위쪽만 그
저 바라보는 거예요.

변호사도 좋은 직업의 하나로만 인식되고 있을 뿐예
요. 변호사가 가지는, 아니 가져야 하는 공적 역할에
대해서는 큰 고민이 없어 보입니다. 변호사의 역할에
서 나오는 무게감도 고려대상이 안 되는 것 같아요.
나한테는 수많은 사건 중의 하나지만 의뢰인에게는
모든 게 걸린 단 하나의 사안이라는 성찰이 없는 겁
니다. 사실 의뢰인을 만족시킨다는 게 얼마나 힘든
일인가요? 단지 돈을 벌기 위해 그런 일을 한다는
게 얼마나 허망한 일이고요. 젊은 친구들을 상대로
이야기할 때 이런 말을 많이 합니다.

삼성그룹 전체에 변호사가 300여 명 있는데 그 가운데 미래
전략실에만 49명이 있다고 합니다. 이른바 '오너 리스크'를 전
담하는 팀이라는데요. 웬만한 대형 로펌 수준인데, 이게 적절
한 수준인가요?

　　　　　　　　　　　| 법과 사람

박주민 큰 회사가 법률적 위험에 선제적으로 대처한다는 건 좋은 자세입니다. 문제는 그게 법을 위반하지 않으려는 노력이어야 한다는 거죠. 하지만 현실은 그렇지 못합니다. 대기업이 변호사를 쓰는 건 법적 제재를 피하려는 데 목적이 있어요. 그러다 보니 전관 출신 변호사들을 고액의 연봉으로 고용하는 일도 늘어나고 있죠. 그리고 법조인들 가운데 그런 고액연봉 일자리를 탐하여 판검사 시절 재벌 관련 사건을 맡게 되면 재벌에 유리하게 사건을 처리하기도 한다는 우려가 들려요. 전반적으로 법조계에 대한 신뢰를 떨어뜨리는 일이자 사법이라는 시스템의 사회적 문제 해결 능력을 저하시키는 위험한 일입니다.

판사나 검사는 왜 재벌에게 약할까요?

박주민 법원이나 검찰이 재벌에게 약한 이유를 대략 세 가지 꼽을 수 있는데, 첫째가 사적 네트워크입니다. 연이 닿는 사람을 활용하는 거죠. 재벌 쪽에서는 늘

변호인단을 그렇게 꾸립니다.

두 번째는, 이게 가장 큰데, 재벌이 무너지면, 재벌 총수가 업무를 못 보면 경제 위기가 온다는 편견을 법조인들이 거의 다 가지고 있다는 겁니다. 이런 고지식하고 고루한 관념을 판검사 대부분이 가지고 있어요. 재벌이 경제의 중추라는 생각은 사실 일반 시민이나 정치인들에게도 광범위하게 받아들여지고 있잖아요. 판검사라고 특별하지 않다는 겁니다. 상법이나 공정거래법을 잘 안다는 것과 그런 편견에서 벗어날 수 있다는 것은 별개의 문제예요. 낙수효과가 크지 않다는 사실도 잘 받아들이지 않아요.

그리고 셋째, 이런 두 이유에다 경제적 이익 보장이라는 유혹이 따라옵니다. 사후에 대기업에 가거나 대형 로펌에 가는 걸 보장받는 거죠.

이런 현실이 교정되지 않고서는 법원과 검찰이 재벌을 제대로 대하는 일은 어려울 거라고 봅니다.

│ 법과 사람

이정렬 전 부장판사도 그렇게 말한 적이 있습니다. 부장판사 정도 되면 재벌과 똑같이 생각한다고 말이죠.

박주민 실제 그래요. 판사들이 안보위기론이나 경제위기론에 상당히 취약합니다. 그렇다고 판사들이 공부를 게을리 한다는 건 아니에요. 문제는 그 방식이죠. A라는 생각을 가지면 A라는 신념을 강화하고 뒷받침하는 공부만 해요. 일종의 확증 편향이죠.

다양하게 열려 있는 사실과 가능성에 대해 실사구시적인 접근을 안 한다는 게 문제입니다. 개방적이지 않고 폐쇄적이에요. 지식인이라면 자신의 신념도 객관화하고 검증받는 걸 두려워해서는 안 된다고 보는데, 그렇지 않은 거죠.

일례로 대법원의 내란음모 사건 판결문을 보고 놀란 적이 있어요. '표현의 자유'의 가치에 대해 언급한 판결문 앞부분은 훌륭해요. 표현의 자유를 중시하는 1970년대 이후의 미국 연방대법원 판례 경향이나 분위기와 일치하죠. 그런데 뒷부분으로 가면서 갑자기 전쟁 중이라는 특수한 상황 탓에 매우 경직되어 있었던 제2차 세계대전 때나 1950년대 초반의 미국 판례 분위기로 돌아가는 거예요. 하나의 판결 안에 전혀 다른 두 개의 경향이 공존하고 있고 지금 현실의 분위기와는 전혀 다름에도 불구하고, 재판부는 거기에서 어떤 모순도 못 느끼는 거죠. 재판부가 열린 자세로 현실과 이론을 대하지 않고 기존의 관념대로 판단했다는 느낌이 강했습니다.

대선 운동으로 정신없던 지난달에도 일명 '우병우 특검법'을 발의했습니다. 관련 기사의 댓글과 SNS소셜네트워크서비스에는 박주민을 응원하는 메시지가 가득했는데요.

박주민 대선에 이 문제가 묻혀서는 안 되죠. 앞으로의 검찰 개혁과도 관련이 있는 문제니까요. 해결은 간단합니다. 우병우 전 청와대 민정수석비서관 사건의 규명을 검찰 손에 맡기는 것이 아니라 따로 국회가 추천한 특검이 담당하도록 하자는 것입니다. 박근혜 정부에

| 법과 사람

거리는 가장 익숙한 일터이다. 국회의원이 되었다고 달라질 것은 없다. 국민의 뜻을 알기 위해서는 국민 곁에 있어야 한다.

서 온갖 국정농단을 은폐하고 세월호 수사를 방해하는 등 직권 남용의 의혹을 받는 우병우를 특검이 수사하고 기소하게 하자는 거죠. 아울러 우병우의 혐의 중 기존에 공소 제기된 사건의 공소유지도 특검이 맡게 하자는 겁니다.

범죄 소명 부족을 이유로 우병우에 대한 구속영장이 기각됐음에도 검찰은 보완수사를 전혀 안 했어요. 가족회사 '정강' 관련 비리 등을 제외한 채 국회 위증 등의 일부 혐의에 대해서만 기소했잖아요. 이게 보여주기식 수사 아니면 뭡니까? 검찰 수뇌부까지 뻗어 있는 소위 우병우 사단이 봐주기 수사와 기소를 했다고 볼 수밖에 없는 거죠. 그러니까 독립적 지위를 갖는 특검을 임명해 박근혜와 최순실의 공범인 우병우를 엄정하게 수사하고 기소하자는 겁니다.

박근혜 대통령 탄핵 소추위원으로 활동했습니다. 2016년 12월 9일 국회에서 탄핵안이 가결되고 헌법재판소에서 3차례의 준비기일과 17차례의 변론기일까지 81일간, 2017년 3월 10일 선고까지 92일이 걸렸고요. 그사이 광장에서는 133일간 19번의 촛불이 헌법의 봄을 재촉하며 불꽃을 피웠습니다. 재판정이건 광장이건 이 모든 현장에 있었는데, 헌법의 가치에 대한 소회가 남달랐을 것 같습니다.

박주민 개인적으로는 이 과정에 직접 관여하고 있다는 사실에 큰 보람을 느꼈어요. 촛불집회도 사실 제가 이전에 했던 야간집회금지조항에 대한 위헌소송의 영향을 받은 것이기도 하고요.(웃음)

워터게이트 사건의 경우도 닉슨이 물러가는 데 시간이 오래 걸렸습니다. 하지만 그 과정을 지켜보면서 미국인들이 큰 교훈을 얻었죠. 권력을 철저히 감시해야만 한다는 걸 알게 되었습니다. 이 사건 이후 미국이 민주주의 국가로 한층 더 성숙할 수 있게 된 겁니다. 우리도 그런 과정을 겪고 있는 게 아닐까요. 아직 사법처리나 제도적 보완 같은 것들이 다 끝난 것은 아니죠. 시간이 좀 걸리고 피곤하겠지만 우리 사회의 미래를 위해서 꼭 필요한 단계를 보내고 있다고 봐야 할 겁니다. 소중한 절차를 밟고 있는 것이죠.

| 법과 사람

별난 사람이다. 바람을 먹고 이슬에 잠자는 초인은 해방 전의 로망이다. 아
스팔트를 꽃방석처럼 깔고 앉아 연좌하는 변호사는 80년대의 흑백사진에
서나 볼 법하다. 세련된 가죽 손가방 대신 백팩을 지게처럼 지고 다니는 국
회의원이란 아무래도 낯설다. 감기약을 달고 사는 피로의 제왕은 그러나
대중을 설레게 한다.

사람

성실한 '거지갑'

노숙자를 연상케 하는 잠자리. 꾀죄죄한 행색에 세면도구로 무장된 백팩. 덜 깬 눈꺼풀에 선명한 이마주름. '상시 시위 대기 중'인 피로의 제왕. 거지 중의 거지. 이름하여 '거지갑' 국회의원. 저 남쪽 제주 강정마을에서 팽목항과 밀양, 평택 미군기지와 안산, 광화문을 거치며 단련된 '거리의 변호사'의 새 별명이다.

작년 국회 회의장에서 쪽잠을 자는 사진이 많은 시민들에게 신선한 기대를 불러일으켰습니다. 법안 발의도 많이 하는 편이고 방송, 집회, 강연에도 자주 참석하는 편이라 정신없이 바쁠 텐데요. 보통의 일정은 어떻습니까?

박주민 일단 상임위 두 곳, 법제사법위원회와 여성가족위원회에 소속돼 있어서 상임위 일정이 가장 많습니다. 본회의가 있는 날이면 거기 참석하고요. 거기에 탄핵 소추위원이어서 일주일에 두 번 정도 변론기일에는 헌법재판소에 참석하죠. 이 정도가 기본적인 일과예요. 여기에 법안 발의에 필요한 자료준비와 회의, 자문 등의 일정이 거의 매일 있습니다. 가끔씩 기자회견이나 서명운동 같은 당 차원의 일정도 있죠.

또 지역구 의원이니까 지역 일정도 제법 많습니다. 격주로 금요일 오후마다 '주민의 날'이라고 해서 민원을 받고 대화를 나누는 시간이 있고요. 주말에는 촛불집회에 빠지지 않고 참석하고, 지역위원회 모임에서 지역 현안을 관리하고, 시장이나 복지관 등의 다양한 행사에 다니며 인사도 드립니다. 요즘엔 방송 출연 요청도 많아 방송국에도 수시로 다니고, 〈신사와 거지〉를 비롯한 팟캐스트를 두 개 진행하고 있습니다. 공부도 게을리 할 수 없어 공부 모임도 하나 참석하고 있고요. 대개 이런 식으로 해서 하루에 10~12개 정도의 공식 일정이 있고, 또 일일이 언급하기 어려운 비공식 일정도 사이사이 끼어 있어요.

일	월	화	수

26 (일)
- 7시 지역 - 소나무산악회 시산제 출발
- 7:30 지역-청풍산악회(매달일정)
- 11시 지역 - 언서밴드민턴 회장 이.취임식
- 11:30 지역- 시민119산악구조대 시산제
- +3 개

27 (월)
- 7시 지역 (매월 일정) - 소나무 산악회(회장 김선자
- 9시 의원실 주간회의
- 10:30 면담-추연옥 위원장
- 11시 지역(참석)-학원연합회 미팅(나영주)
- +3 개

28 (화)
- 10시 국회 본회의
- 10시 학원휴일휴무제 토론회
- 오후 1시 (공지) 여가위 전체회의
- 오후 1:30 (취소)면담-장애인차별금지법 민주연합
- +4 개

29 (수)
- 7:08 ...
- 10시...
- 10시...
- 오후...
- +6 개

---

2 (일)
- 7시 지역-이말산악회 출발(매달일정)
- 오후 2시 Lend Your Leg 걸거리 캠페인(국제대인...

3 (월)
- 9시 의원실 주간회의
- 10:30 KBS 수신료 분리징수 기자회견
- 오후 12:40 참석-순회투표 참가자 버스 출발
- 오후 2시 (참고) 장애등급제 폐지 및 개인 맞춤형...
- 오후 2시 ■참석- 경선일정-수도권·강원 순회투표
- +4 개

4 (화)
- 7:30 지역-당연직상무위 월례회의
- 9:30 미팅-김성재 리모델링 관련
- 10시 의원총회
- 10시 참석(면담)-은평구 민간어린이집 연합회
- 11시 SBS라디오 정봉주의 정치쇼
- +7 개

5 (수)
- 식목...
- 6시...
- 7:4...
- 10:...
- 오회...
- +5

---

9 (일)
- 불광천 벚꽃축제
- 6:20 obs 다큐멘터리 동행취재
- 6:20 목요신랑 출발
- 7시 지역 - 재경 은평호남향우회 야유회
- 7시 지역-응암산악회(매달일정)
- +6 개

10 (월)
- 단원고 희생자 기억 육필사전 - 국회 의원회관 2층 로비
- 10시 신사와거지(국민연금)
- 오후 12시 의원실 주간회의
- 오후 2:30 서울교육청 강연
- 오후 2:30 조희연교육감 미팅
- +3 개

11 (화)
- 7:15 용산 출발-순천 도착/ktx703
- 9시 지역-은평사회복지사 보수교육
- 10시 참고-은평갑 여성위 4월 월례모임 - 불광천 ...
- 10:30 순천교도소 접견
- +5 개

12 (수)
- 7:...
- S...

---

16 (일)
- 단원고 희생자 기억 육필사전 - 국회 의원회관 2층 로비
- 6:50 수색초 총동문회 산악회 출발
- 7시 수색영남향우회 산악회 출발
- 오후 1시 축가- 신부 조성진 결혼(의원님 사촌동생
- 오후 3시 ■세월호참사3년기억식
- +3 개

17 (월)
- 9시 의원실 주간회의
- 10시 (참고)중앙당 문재인 국민주권선대위 필승다...
- 10:30 지역-제3회 전국택시 서부지역 노동조합연...
- 11시 ■서울 출발-대전 도착/ktx125
- +9 개

18 (화)
- 7시 ■아침인사-녹번역
- 10:30 ■sbs 모닝와이드 인터뷰
- 11시 민원 - 오일권 010-6650-8285- 3번 연기됨
- 11:30 ■(18일에 진행합)지역 면담-가슴가 피해자...
- 오후 12시 참석-의장주최 '탄핵소추위원 오찬'
- +4 개

---

23 (일)
- 7:30 지역- 응암 e푸른새마을금고 산행(이사장 등 ...
- 8:30 ■아침유세-종교인사
- 10시 지역 - 제25회 은평구배드민턴연합회 회장기
- 11시 '더벤저스 리턴즈' 출범식 기자회견
- 오후 2시 서울시약사회 주관 [2017 건강서울 페스...
- +6 개

24 (월)
- 7시 ■아침유세-역촌역
- 9시 지역-서부녹색연합회 임원 등 간담회
- 10:10 오전유세-신사2동
- 10:30 의원실 주간회의
- 오후 1:30 ■대학가유세-박주민 표창원
- +5 개

25 (화)
- 박주민의원 경남 방문일정
- 6:55 ■김포 출발-사전 도착(6:05에 탑승권 발급)
- 7시 ■아침유세 응암역
- 11:30 의원남-은평노인복지관 백식봉사(오덕수)
- 오후 12시 지역 - 은평구 여약사회 사랑나눔 다과...
- +5 개

---

30 (일)
- 목포신항 근무(곽경란)
- 11시 ■목포출발-용산도착/Mtx산천512
- 오후 2시 ■청년광장토크쇼-청춘들의 '말하는대로...
- 오후 3시 ■은평갑을 합동유세-대조시장, 물광역...
- 오후 4시 채널A-19대 대통령 특집다큐 인터뷰
- +2 개

5월1 (월)
- 7시 ■아침유세-DMC 역
- 9시 의원실 주간회의
- 오후 12시 장미파업-최저시급1만원
- 오후 2:30 ■(참고)동별지역순회-역촌
- 오후 4:30 ■참석-서울시당 유세단
- +4 개

2 (화)
- 7시 ■아침유세-녹번역
- 7:30 지역-당연직상무위 월례회의
- 10:30 변경 - 이순자의원 농아인 서부지역 회장...
- 10:30 참석-행복창조 센터장 미팅 - 이순자의원...
- 오후 2시 ■1차 투표참관인 교육(김미경)
- +10 개

목	금	토
		4월 1일
30	**31**	오후 2시 축기 - 박성도 장녀 결혼(숯
7:30 ▦ 더벤져스 공부모임	9:30 주민의날 면담-전현기	오후 4시 참석-인권법학회 토크쇼
8:30 불장-초등학교 등교길 안내	10시 ▦무도활영-주민의날	오후 4:30 참고-세월호 3주기 기획회
10시 지승효 작가 인터뷰	10시 면담-중암3동 불교사고 피해주민	오후 6시 ▦(참고) 샤드저지믯세월
오후 1:20 ▦ (취소) 법사위 전제회의	10:30 미정-녹번동 불교사고 피해자	오후 8시 416 문제포럼 '기억하겠
+8 개	+10 개	
6	**7**	**8**
7:30 ▦ 더벤져스 공부모임	10시 신사와거지(국민연금)	6:30 지역-롤빛산악회 출발
9:30 공동주최-중일병 사망사건 3주기 '차기정부를	오후 12시 대선 특보단 정례오찬 회의	9:30 하남시장 보결선거 지원
10:35 ▦더불어민주당 세불포 TF 세불포 인양향진(길	오후 1:40 참석-지역)-외식업중앙회 은평구지회 출	10시 지역-향림 뒷밭 개장식
10:35시 용산역 출발-목포 도착/KTX 511	오후 2시 안민석 의원 출판기념회	오후 2시 지역-탈핵걷기대회
오후 2시 ▦(참고) 1인가구 대선정책토론회	오후 3시 면담-장애학생 관련 김정수님 면담	오후 7시 지역-불광천 벚꽃 축제
+4 개	+4 개	
13	**14**	**15**
8:30 ▦캠프 정책 관련 의원실 회의	8시 지역-중암경로당 춘계 야유회 출발-작자사(강	9시 지역-동헙의회장 모임
9시▦(참고) 중앙선거대책본부장단회의(비공개)	9시 공명선거팀미팅	11시 안 지역사무실 리모델링 (
10시 국민생명안전 대토론회	9:40 sbs 다큐 촬영-대선관련, 문호보 술가락사리	오후 1:30 표현자유 기자회견
10시 ▦(참고) 정책토론 세미나+범죄통계 자료 수	11시▦참석-서울지하철노동조합 제20대 위원장 예	오후 2시 참석- 지역 선거상황실
+7 개	+19 개	+8 개
20	**21**	**22**
(오후 2:00) 지역 - 제27회 장애인의 날 기념식 - 축시요청 - 은평 평화공원 특설무대(무천시 구현 은평육		8:30 ▦ 아침인사-불광역
	TV토론	9시 미정- 당원 토요행기산행()
7시 ▦ 아침인사-새절역	7시 ▦ 아침유세-새절역	오후 12시 축기- 한진욱 딸 결혼
7:30 ▦ 더벤져스 공부모임	9:20 ▦참석-표현의자유센터 개소식 기자회견	오후 12:30 지역-은평유국제유스
10:10 ▦오전유세-신사1동	11:30 참석X- 한국학원총연합회 제13.14대 회장	오후 1시 ▦집중유세-불광역
10:10 민원-수색7구역. 10분방.	+7 개	+10 개
+9 개		
27	**28**	**29**
광주트라우마센터 방제 대강점날	7시 ▦ 아침유세-새절역	**광주 및 호남 유세지원**
7시 ▦ 아침유세-불광역	7:30 지역-응암3동 전라도민회 봄 야유회 출발	6:30 ▦용산 출발-나주 도착(K
7시 지역(매일 일정) - 소나무 산악회(회장 김선자,	11시 참석-은평구가정어리이집 바자회	9시 ▦아침인사-백련산·봉산.
7:30 ▦ 더벤져스 공부모임	오후 2시 지역 - 주민의 날	9:30 ▦강진 유세
9시▦참석-수국사 방문	오후 2시 민원- 이은례(응암2동).010-3230-3075.	10시 ▦오전유세-불광역
+10 개	+9 개	+10 개
4	**5**	**6**
6시 사전투표날	**어린이날**	7시 지역-월드비전 은평구 (
7시 ▦아침유세-중산역	6시 사전투표날	9시 ▦오전유세-불광역
9시 ▦서울시당 사전투표 캠페인(박원순시장 참석	7시 ▦ 산뗄길인사	10시 ▦장애인위원회 청년 (
11시 참석 - 은평구 농아인협회 간담회(증산서길 8	9:30 ▦(참고)동별지역순회-녹번	오후 12:20 ▦김포출발-울(
오후 2:30 ▦(참고)동별지역순회-수색+중산	10시 ▦어린이날행사 은평구청	오후 2시 ▦울산 롯데호텔 +
+6 개	+9 개	+8 개

일정이 많은 편이지만 성원해주신 국민들을 생각하면 몸이 부서져라 뛰고 또 뛸 생각이다. 표시된 일정 밑에 +숫자는 표시 안 된 일정의 개수를 의미한다.

팔자 편한 이들도 더러 있지만 국회의원 대부분은 바쁘다. 비례대표보다는 지역구 의원이 더 바쁘고 말재주나 일솜씨가 뛰어난 이들은 더욱 바쁘다. 평일과 주말을 가리지 않고 새벽과 밤을 나누지 않는다. 출근길 라디오 방송에서 밤늦은 심야토론까지, 본회의와 상임위에 지역구 행사까지 불철주야 뛰어다닌다. 거기에 각종 집회와 시위에 참여하고 강연 요청까지 챙기다 보면 공항에 KTX역까지 끼고 다녀야 한다. 법안 발의를 부지런히 하려면 집에까지 일거리를 가져와야 하고 관련 공부모임에도 빠질 수 없으며 기자들을 만나 법안 홍보도 해야 한다. 2017년 2월 초선의원 박주민의 일정표를 들여다봤다. 위의 모든 사항은 기본으로 적용되고, 탄핵소추위원이라 일주일에 두 번씩 헌법재판소까지 다녀야 한다. 거기에 때가 때인지라 지역 각급 학교의 졸업식에도 틈틈이 들러야 했다.

의원들은 보통 간단한 서류가방을 가지고 다니는데 큰 백팩을 메고 다니는 게 이채롭습니다. 도대체 그 안에 무엇을 넣어 가지고 다니나요?

박주민 그걸 많이들 물어보시는데요. 일단 노트북과 읽을 책,* 법안 관련 서류 등이 좀 무거운 것들이죠. 기본으로 가지고 다니는 건 치약, 칫솔, 물티슈, 수건 같은 겁니다. 변호사 때부터 여기저기 다니다 보니 습관처럼 휴대하는 것들이죠. 가방이 없으면 좀 불안하고 그래요. 현장에 갔다가 집에 못 들어가는 경우가 많아서요.

백남기 농민 사건 당시 서울대병원 장례식장 테이블 위에서 널브러져 자거나, 텅 빈 국회 본회의장에서 혼자 엎드려 쪽잠을 자는 사진도 화제가 된 적이 있습니다. 아무데서나 그렇게

---

* 요즘은 오준호의 《기본소득이 세상을 바꾼다》(2017, 개마고원) 같은 기본소득과 관련된 책들을 가지고 다닌다.

잘 자나요?

박주민 견디다 견디다 너무 피곤하면 그렇게라도 자야 해요.
2014년 세월호특별법 싸움 때 국회 본청 처마에서 4
개월 정도 노숙한 적도 있어요. 장소를 옮겨 광화문
이나 청와대 옆 청운동사무소 같은 데서는 거의 노
숙자처럼 생활했어요. 비라도 오면 비닐 깔고 덮고
자는 거예요. 그래도 요즘 찍히는 사진들은 거의 실
내잖아요?(웃음)
학생 때도 그렇고 변호사 시절에도 어디서나 잠깐
틈나는 대로 자다가 다시 정신 차려서 일하는 편이
죠. 몸에 익어서 이젠 아무렇지도 않긴 한데, 점점
나이가 들면서 허리나 목 같은 데가 아프고 그래요.
파스 붙이고 진통제 먹고 해야 할 정도로요. 그래도
그런 쪽잠이 저한테는 꽤 중요한 휴식인데, 자꾸 인
터넷이나 언론에 사진이 도니까 조금씩 눈치도 보게
되고 그러네요.

주변 이야기를 들어보면 부탁을 잘 거절하지 못하는 성격이라던데 정말 그런가요?

박주민 한 번 인연을 맺은 시민단체나 인권단체에서 이런저런 참석을 부탁하면 거의 다 가게 됩니다. 세월호 유가족 법률대리인을 맡고, 입당해서 출마하고 선거 치르고 국회에 들어오니 더 정신없고 그렇지만, 제가 도움이 된다면 어떻게라도 시간을 만들어보자는 게 기본 입장이죠. 아, 몸이 힘들긴 합니다.(웃음)

2016년부터는 주말이나 명절에도 쉰 날이 거의 없었던 것 같아요. 지난 추석에는 정말 오랜만에 처가에 갔는데 심지어 거기 가서도 집회에 참석해야 했어요. 하필 처가가 경북 성주인데, 사드(THAAD) 대책위 분들한테서 연락이 와서 저녁 먹다 말고 나와서 마이크 잡고 발언한 적도 있습니다.

| 성실한 거지갑

인터뷰를 하는 이 날(1월 26일)도 전에 인연이 있던 장애인 단체의 요청을 거절하지 못하고 현장에 다녀오느라 정신이 없어 보였다. 전국장애인차별철폐연대는 정부와 운송사업자에게 장애인을 포함한 교통약자의 시외버스 이동권을 보장하라는 퍼포먼스와 기자회견을 강남고속버스터미널 승차장에서 열었다. 장애인들에게 저렴하고 편리한 시외 이동수단인 고속버스는 그림의 떡이다. '프리미엄 고속버스'도 등장했지만 휠체어를 탄 채 이동할 수 있는 고속버스는 한 대도 없다. 여성 장애인의 경우 "고속버스를 타려면 누군가 나를 안고 계단을 올라야 하고 어쩔 수 없이 원치 않는 신체접촉을 하게 된다"고 괴로움을 호소한다.

이 자리에서 박주민 의원은 하루빨리 개정안을 발의해 교통약자가 소외되지 않게 하겠다고 약속했다. 그리고 두 달 뒤인 지난 3월, '교통약자 이동편의 증진법' 개정안을 발의했다. 기존 시내버스 폐차 후 신규버스 도입 시 저상버스를 우선적으로 도입하도록 하고, 시외버스의 경우 장애인 탑승 편의시설 설치를 의무화하며, 전세버스업자가 편의시설을 도입하려 하는 경우 국가 등이 지원하도록 하는 내용을 담았다.

등원한 지 1년 만에 발의한 법안이 65건이 다 돼 갑니다. 꽤
많은 편이죠? 본회의와 상임위에도 한 번도 빠진 적이 없는
것으로 알고 있고요.

박주민 저보다 더 많이 발의하는 분들도 있어요. 본회의든
상임위든 출석률 100%를 아직 유지하고는 있는데
앞으로 어떨지는 모르겠습니다. 법안 발의 건수나 회
의 출석률이 그렇게 큰 의미가 있지는 않아요. 원내
에서 특별한 역할을 맡고 있는 분들은 하려고 해도
할 수도 없고요. 어느 의원이 일을 잘하는지 어떤지
에 대해서라면 좀 더 다면적인 평가가 필요하다고 생
각합니다.

그간 공익변호사로 일하면서 가졌던 경험이나 아쉬움 같은
게 발의하는 법안들에 반영된다고 봐야겠죠?

| 성실한 거지갑

박주민 아무래도 그렇죠. '공공기관의 갈등예방 및 해결에 관한 법률안'이 대표적입니다. 강정마을 해군기지, 밀양 송전탑 등의 현장에서 주민들을 법률적으로 돕다가 문제의식을 가지게 되었죠. 사드, 신공항 등 국책 사업을 시행할 때는 반드시 주민의 의견을 반영해야 하고, 공공정책의 수립이나 추진에 있어 이해관계인 등의 참여를 보장하는 것을 골자로 하는 법안입니다. 전국에 건설될 송전탑이 3000개가 넘는데, 그때마다 밀양 같은 일이 발생하면 어떻게 될까요?

대선 기간 중에 성주에 사드 배치하는 것도 보세요. 군사작전처럼 새벽에 기습적으로 들어갔습니다. 주민 12명이 다쳤는데 대부분이 80세가 넘는 할머니들이었고 이중엔 갈비뼈가 부러지는 큰 부상을 입은 사람도 있어요. 여기 주민들은 마치 계엄령이 내려진 것 같았다고 말하고 있습니다. 이런 일들이 계속 반복되는 겁니다.

법안을 만들기 전에는 늘 공청회를 열어 현장과 공공기관의 의견을 한자리에서 들어봅니다. 이번 법안

을 만들 때는 강정마을 대책위원장, 밀양 송전탑 대
책위 사무국장, 사드배치대책위 공동집행위원장 등
전국 각지의 이해관계인들을 모셔 사례 발표를 듣
고, 서울시와 국토연구원, 국회입법조사처의 전문가
들도 참석해 거기에 각자의 의견을 보태는 식이죠.

논란이 많은 선거제도 개편에 관한 법안도 발의했습니다.

박주민 지난 2월에 공직선거법 개정안을 발의했습니다. 소선
거구제와 정당명부비례대표제를 병렬적으로 혼합한
현행 선거제도는 사표가 많이 발생하고, 정당득표와
의석비율이 일치하지 않아 유권자의 표심을 왜곡하
는 문제점을 가지고 있어요. 이런 것들을 고쳐 국민
이 실제 원하는 의석 비율을 정확히 반영하는 국회
구성이 필요합니다.

이번에 발의한 법안은 연동형 비례대표제 도입을 전
제로 인구 14만 명당 1명을 기준(현 인구 기준 360여
명)으로 국회의원 정수를 늘리고, 지역구 의원과 비

| 성실한 거지갑

례대표 의원 비율을 2:1로 조정하며, 정당 비례대표 후보자 명부를 권역별로 작성하는 것 등을 골자로 하고 있습니다. 이렇게 되면 정당득표에서 과반수를 차지하지도 못한 정당이 국회의 과반수를 차지해 독주하는 과거의 일은 일어나지 않겠죠.

이제 집회에 나가면 적지 않은 시민들이 박주민을 알아본다. 박주민은 '와, 거지갑이다!' 하며 사진 찍자고 하면 '예, 은평갑입니다!' 하며 즐거이 응한다. 대선 유세 때도 많은 사진이 SNS에 올라왔다. 광주, 목포, 부산, 신촌, 그와 함께한 사진 속의 시민들은 모두 환하게 웃고 있다. 인터넷에서 '박주민 사진'을 한번 검색해보라. 여기서 언급한 사진 말고도 꽤 많은 컷들이 등장할 것이다. 표창원 의원과 비교되어 거지 같다는 사진에서부터 촛불집회서 쓰레기 줍고 다니는 사진, 김관홍 잠수사의 죽음에 눈물 흘리는 사진 등. 어느 대학생은 그를 보며 페이스북에 이런 말을 남겼다.

"세상은 살 만한 곳이고 나도 열심히 살아야 할 이유가 충분하다."

현실과 이상

2016년 총선 때 은평구의 장년층 이상 주민에게 박주민은 '듣보잡'이었다. 경로당에 가서 후보 홍보를 해야 하는데 내세울 게 마땅치 않았다. 선거를 돕는 사람들은 서울대 법대 나온 걸 어필하라고 조언하는데 그게 머쓱하고 부끄러워서 도저히 입에서 안 떨어지더란다. 하지만 결국 그렇게 했다고, 고해한다.

2016년 4월 유튜브에 올라온 동영상 하나가 화제가 되었다. 은평구 응암역 입구와 신사오거리 버스 정류장 근처에서 쭈뼛쭈뼛 명함을 들고 여기저기 기웃거리는 초짜 후보를 찍은 영상이다. 야구점퍼를 입은 기호 2번 "우리들의 변호인" 박주민이다. 출근길 서두르는 이들 손에 명함은 건네지지 못한다. 민망한 기호 2번은 머리를 긁적이며 방황한다.

선거운동원들과의 첫 대면 장면도 나온다. 지명도도 낮고 연고도 없고 출발도 늦었지만 한번 해보자고 손을 번쩍 드는데도 수줍기만 한 후보. 그래도 "여러분들이 자랑할 만한

"박주민입니다"

겨우 말문이 트인 총선 초반에 가장 먼저 은평갑 지역을

찾아주셔서 큰 힘이 됐다.

손이 따뜻했다.

당선자가 되겠다"며 죽을힘을 다해 뛰겠노라고 고개 숙여 인사한다.

누구는 그러더라고요. 정치야말로 가장 어려운 영업이라고.

박주민 젊은 분들이 특히 명함을 잘 안 받아주고 40~50대 분들이 가장 잘 받아주세요. 가장 어려웠던 건, '나는 이런 사람이다' 하고 지금까지 해왔던 활동을 자랑하는 일이었어요. 태어나 처음으로 나를 '파는' 행동을 하려니 잘 안 되더라고요. "인권변호사입니다. 서울대 법대를 나왔습니다." 이 두 마디가 입에 붙는 데 며칠이나 걸렸어요.

얼굴도 문제더라고요. 명함에 박힌 사진과 실물이 다르다고 갸우뚱거리는 분들이 많은 거예요. 이마가 넓고 앞머리도 별로 없는데, 사진 찍을 때는 메이크업도 하고 사후 보정도 좀 했거든요. 흑채를 써도 안 통하더라고요. 동일 인물로 안 믿어주시는 거죠. 특

단의 조치를 취했죠. 부분 가발을 착용하고 인사를
다녔어요.(웃음)

천성이 자기 밥그릇도 잘 못 챙기는 사람이라고 하더군요. 선거
운동은 전쟁이라고들 하는데, 전쟁 치른 소감이 어떻습니까?

박주민 처음엔 아무것도 없었어요. 완전 '제로'에서 출발한
거니까요. 지역구를 물려주신 이미경 의원의 전폭적
인 지원이 큰 힘이 됐죠. 보좌진, 시·구의원, 지역 상
무위원들에게 지지를 부탁해주신 덕에 비교적 선거
조직은 빨리 꾸렸습니다. 사무소도 그대로 물려받고
요. 그럼에도 불구하고 시간은 매우 부족했어요. 다
른 영입인사들은 한 달 전에 투입되어 예비후보부터
뛰었는데 저는 공천이 마지막 날에 결정되는 바람에
그럴 시간이 없었죠. 마치 만화에서 도망가는 사람
들이 절벽을 만나면 다리를 놓아가며 도망가는 장면
이 있는데 그런 상황이었어요.
그리고 실력과 노력만으로는 안 되는 것도 있더라고

요. 출신지역 같은. 처음으로 제 족보를 원망하기도 했는데 어르신들은 어디 박씨냐며 본관을 묻는 경우도 많았으니까요. 내가 왜 다수인 밀양 박씨가 아니라 소수인 무안 박씨로 태어났을까…(웃음)

선거 운동 자체가 화제가 되기도 했다면서요?

박주민 이 동네에선 처음 보는 풍경이었다고 해요. 후보자에게 젊은이들이 다가와서 같이 웃으며 사진 찍고, 선거 후원금이 꽉 차고, 전국 여기저기서 자원봉사자들이 와서 다양한 응원을 해주기도 했고요. 그런 모습으로 인해서 저 사람 괜찮은 사람이라더라 하는 소문이 당원에서부터 일반 유권자까지 빠르게 퍼졌어요. 그리고 전국 각지의 분들이 은평의 지인 분들에게 좋은 사람이니 찍으라고 엄청나게 전화를 했다고 하더군요. 운동 시작하고 열흘 정도 되니까 분위기가 바뀌었고 이 정도면 한번 해볼 만하다는 의견이 여기저기서 나오더군요.

은평구는 서울에서도 오래된 동네입니다. 낡은 건물도 많고
요. 지금까지 관행적으로 진행된 일반적인 개발이나 재개발을
어떻게 보시나요? 그에 대한 본인의 신념이나 방향 같은 게 있
습니까?

박주민 은평구는 서울의 오래된 주거지라 재개발 민원이 많
을 수밖에 없어요. 원칙적으로 재개발 문제는 국회의
원의 일이 아니라 서울시와 은평구의 일이긴 합니다.
하지만 제가 해야 할 일이 없지는 않아요. 개발을 원
하는 주민과 그렇지 않은 주민 사이에 균형을 잡고
민주적으로 의사가 결정되도록 돕는 일이죠. 그런
과정이 무엇보다 중요하다고 생각해요.
지금까지의 관행적인 개발, 재개발 방향에는 동의하
지 않습니다. 다만 주거환경에 대한 개선은 반드시
필요합니다. 우리 동네에는 낡은 주택이 많습니다.
냉난방을 비롯해서 삶의 질을 위해 개선되어야 할
부분들이 많습니다. 하지만 대규모 철거 그리고 일
률적인 대단지 아파트 건설 같은 기존의 개발방식은

더 이상 유효하지 않은 것 같아요. 아파트 신화에 바탕을 둔 개발과 재개발은 상당히 긴 재개발 기간을 필요로 하고 높아진 부담금 등으로 인해 원주민의 재정착률이 낮다는 것 등 수많은 문제를 양산하고 있습니다.

그래서 대안적인 주거환경 개선 모델과 도심 재생 프로젝트를 틈틈이 공부해왔어요. 최근에는 서울시와 협의하며 저층형 주거 재생 모델을 우리 동네에서 알리고 있습니다. 기존의 동네를 다 밀어버리고 거기에 아파트를 빼곡하게 올리는 게 능사는 아니라는 거죠. 주민들과 논의하면서 마을의 역사와 환경도 살리고 주거의 다양성과 개성도 살리는 방안을 고민하고 있습니다.

지역구 주민의 민원은 대개 어떤 것들인가요?

박주민 크게 두 가지입니다. 재개발과 재건축에 관련된 것들이 하나고요. 나머지는 제가 변호사다 보니 일반적

격주로 금요일 오후를 '주민의 날'로 정했다.

지역구 국회의원으로서 주민의 의견, 어려움을 경청하는 것은

소중한 일이다.

인 법률 자문입니다. 형사나 민사를 가리지 않고 들고 오세요. 격주로 금요일 오후마다 지역 사무실에서 민원을 받고 있어요. 평균 10~15건 정도 들어옵니다. 또 다니면서 만나 뵙고 수첩에 적어오기도 하고요. 시구의원님들께 부탁도 드리고 제가 직접 알아보기도 하고요. 제가 해결해드리기 어려운 것들에 대해서 '어렵다' 답변 드릴 때 그 난감함이 참 힘들더라고요.

유시민 작가는 정치인 시절에 정치의 고단함에 대해 이렇게 말한 적이 있습니다. "정치는 짐승의 비천함을 감수하면서 야수적 탐욕과 싸워 성인의 고귀함을 이루는 위대한 사업이다"라고 말이죠. 이번 대선 TV토론 때도 보니까 곱게 살아온 안철수 후보가 자신에 대한 평가나 비판에 '나를 그만 좀 괴롭히라'고 몸서리치던데, 직업 정치인은 비판이나 비난, 모함과 음해를 일상적으로 겪어야 하는 숙명을 져야 하는구나 싶었습니다. 대의제 민주주의와 선거제도 아래에서는 어쩔 수 없는 일이기도 한데요. 일명 지역구 관리가 고단하지는 않나요?

박주민 저는 워낙 길거리서 막 살아오고 다양한 싸움의 현
       장에서 많은 사람을 만나서 그런지 다른 분들의 경
       우보다는 민원을 가지고 계신 분을 만나서 이야기
       듣는 것은 조금 덜 힘들어하는 편인 것 같아요. 다
       만 행사참여의 경우 힘이 들 때도 있어요. 새해에 늘
       있는 척사대회들과 각 체육단체들의 시무식, 5월에
       열리는 수많은 경로잔치들과 어린이들을 위한 행사,
       추석에 있는 장보기 행사나 각종 종교 기념일의 종
       교행사 참석 같은 때는 특히 더 고되더라고요. 사실
       지역구 관리를 힘들어하지 않는 의원은 아무도 없어
       요. 초선이든 4선이든 다들 죽겠다고 해요.
       제일 힘든 것은 성함과 얼굴을 일일이 연결하는 것
       인데요.(웃음) 아직 얼마 안 돼서 그런 건지는 몰라도
       그게 가장 어려워요. 얼굴이나 성함을 모르는 분이
       인사하면서 '내가 누군지 알지?'라고 하실 때는 참
       곤란하더군요. 죄송하기도 하고. 몸이 힘든 건 괜찮

179 | 현실과 이상

습니다, 아직은.

지역 주민 가운데 어떤 분들한테서 지역을 잘 안 챙긴다고 가끔 이야기 들을 때가 있어요. 지역도 꽤 돌아다니고 민원 해결을 위해 애도 쓰는데 그런 말을 들으면 속상할 때도 있죠. 아무튼 중앙의 이슈도 챙기고 지역 현안도 챙기다 보면 시간이 어떻게 가는지 모릅니다.

의원실의 살림살이는 어떤가요? 후원금 부자라는 소문도 있던데요.

박주민 1년에 세비가 1억 3000만 원 정도이고, 입법정책개발비나 사무실 운영비 등이 별도로 연간 9000만 원 정도 나와요. 지출은 적을 때는 한 달에 1500만 원을 쓰기도 하는데 통상 한 달에 2200~2500만 원 정도 씁니다. 감사하게도 후원금을 많이 보내주셔서 어려움 없이 잘 쓰고 있습니다.

작년 겨울에 살림이 좀 어려웠는데 온라인에 '박주민이 어렵다더라' 하는 소문이 돌더니 후원금 계좌로 하루에 4000만 원씩 들어오더라고요. 저희도 깜짝 놀랐어요. 후원금을 연간 1억 5000만 원까지 모을 수 있는데, 나흘 만에 꽉 찼어요. 목돈을 몇몇이 보내주신 게 아니라 2500분 정도의 후원자들이 대부분 5~10만 원 사이의 소액 후원으로 만들어주신 겁니다. 눈물이 날 만큼 감사했죠. 다들 어려우실 텐데, 무슨 뜻으로 보내주신 줄 충분히 알고 있습니다. 몸이 부서져라 뛰고 또 뛰어야죠.

의원들과의 관계도 중요해 보입니다.

박주민 법안 하나를 발의하려고 해도 최소한 의원 10명이 필요해요. 국회 선진화법 탓에 법안이 통과되려면 사실상 180명의 동의가 있어야 됩니다. 전에 변호사 할 때는 옳다고 생각하는 것을 그대로 이야기하고, 그에 반대하는 사람들과는 싸우면 되었는데 여기서

는 어떻게든 협력을 구해야 하기에 싸우면서도 같이
가자고 해야 하더군요. '넌 참 나쁜 놈이구나. 그러니
까 같이 하자!'(웃음) 대략 이런 식인 거죠.

같은 당의 의원들 간에 정책의 개발이나 조율이 활발하지 않
다는 시민사회나 학계의 비판도 있습니다.

박주민 당내 수평적 네트워크가 잘 작동이 안 되는 건 사실
이에요. 이제 여당이 됐으니 좀 달라지겠지만, 대선
전까지는 의원들 개개인의 생각은 진취적인데 어딘
가 주눅이 들어 있는 것 같은 느낌이 들었어요. 애초
에 군대처럼 움직이는 건 불가능하겠지만 그렇다 하
더라도 메시지 조율이나 의원들 간의 적극적인 소통
은 좀 아쉽죠. 그런 일에 시간과 노력을 기울이는 게
소모적이라는 의견도 있지만, 가치를 공유하며 다
함께 노력하자는 합의를 만들어가야 한다고 봅니다.

롤 모델이라 할 만한 사람이 있나요?

박주민 전인적으로 어느 한 사람을 모델로 여겨본 적은 없
　　　어요. 이 사람은 이게 좋고 저 사람은 저게 훌륭하고
　　　하는 식이지요. 세상에 완전한 사람은 없다는 게 지
　　　론이기도 하고요. 실사구시의 자세로 다양한 사람한
　　　테서 여러 것들을 배우려 합니다. 운동권 생활 때도
　　　그랬어요. 어떤 이데올로기나 이론에 교조적으로 빠
　　　지지 않는 게 장점이라면 장점이었어요. 모든 이념은
　　　회색이라는 말도 있잖아요.

사회운동을 하면서 국회의원한테 욕도 좀 했을 텐데, 되고 보
니 어떤가요?

박주민 국회의원이 되고 보니 그동안 특권이라고 생각했던
　　　것들에 대해서 조금 생각이 바뀐 것도 있어요. 다른
　　　특권은 사용해보지 않아서 잘 모르겠고, 차량 이용
　　　과 보좌진은 생각보다 중요하더라고요.

전에 바깥에서 볼 때는 '얼마나 대단한 일을 한다고 보좌진이 저렇게 많나' '얼마나 바쁘고 피곤하다고 차를 막 타고 다니나' 했어요. 살면서 자가용을 굴려본 적이 없었는데 막상 일정을 소화하려다 보니 그게 아니더군요. 하루에 20개가 넘는 일정을 소화한 적도 있어요. 버스나 지하철을 탈까 했는데 도저히 안 되겠더라고요. 일정을 맞출 수가 없는 거예요. 보좌진*도 부족하면 부족했지 여유가 전혀 없어요. 항상 손이 부족해요. 보좌진 한 명이 7개 기관의 자료를 담당하니까요. 지역을 챙겨야 할 사람도 있어야 하고요. 일을 많이 벌여놓아서 다들 너무 고생하는 것 같아 늘 미안한 마음이죠.

---

* 국회의원 1인의 보좌진은 4급 보좌관 2명, 5급 비서관 2명, 6급·7급·9급 비서 각각 1명 등의 별정직 공무원과 국회 사무처 규정에 따라 인턴 2명 등 9명 내외로 구성된다.

선거운동 때 아버님을 뵌 적이 있습니다. 묵묵히 명함만 돌리시던데, 부모님의 반대 또는 기대 같은 게 있었나요?

박주민 세월호 일할 때도 그렇고, 더불어민주당 입당한다고 할 때도 그렇고, 예나 지금이나 너 알아서 해라 하는 식이세요. 얼마 전에도 생신이었는데 찾아뵙지도 못했네요. 전에는 아무리 바빠도 그러지는 않았는데, 어머니는 너무 바쁘게 산다고 속상해하시죠. 몸 다치고 건강 해치고 그런다고요.

"역사의 수레바퀴를 1cm라도 돌리고 죽자"가 좌우명이라고 들었습니다. '우공이산'처럼 좀 미련해 보이기도 하고 좀 거창하기도 한데, 여전히 그런가요?

박주민 고수합니다. 내가 죽을 때 그런 평가를 받는다면 행복할 거 같아요.

2016년 말 탄핵정국으로 정신없는 와중에도 박주민 의원은 서민 주거에 관한 주택임대차보호법 개정안을 발의했다. 특별한 경우를 제외하고는 이사를 강요하지 못하도록 하는 내용의 '계속 거주권' 입법안을 발의한 것이다. 주거권에 대한 의식이 약한 우리 사회에서는 눈에 띄는 제안이다. 아울러 상가 세입자의 '계속 영업권'을 보호하는 상가임대차보호법 개정안도 발의했다. 모든 변화는 이렇게 시작한다. 누군가 내딛는 첫 발이 중요하다.

새로운 여정

새 정부가 출범했다. 이제 여당 의원이 된 박주민의 얼굴은 새까맣게 탔고 목소리는 갈라져 있었다. 전국의 유세현장을 다녔고 은평구 주민을 이틀에 한 번 꼴로 만났다. 대선이 끝나기 며칠 전. 스텔라데이지호 실종가족은 박주민을 찾아왔고 박주민은 그들을 도와야 했다. 모두들 새 정부에 들떠 있었지만 그에게 휴식은 없었다.

알아보지 못할 뻔했어요. 얼굴이 많이 탔습니다. 감기약도 여전하네요.

박주민 개표 당일까지는 버텼는데 당선 뒤 긴장이 풀려서인지 감기가 다시 왔네요. 광화문 당선 인사에서 사회를 보고 새벽에 집에 들어가서 몇 시간 자고 다시 움직이기 시작했는데 몸이 말을 안 들어요.

며칠 좀 쉬어야 될 것 같은데요.

박주민 막바지 선거운동을 하던 5월 5일에 스텔라데이지호* 실
종가족들이 제 사무실로 찾아오셨어요. 다음날부터
선사 앞에서 천막 농성을 시작했는데 당분간은 제
가 계속 도와드려야 할 것 같아요. 오죽 답답하시면
제 사무실까지 찾아 오셨겠어요. 선사와 정부는 서로
책임을 떠넘기고만 있는 상태인데, 이걸 보니 3년 전
세월호 참사가 생각나기도 하고요. 제가 힘닿는 데
까지 언론에도 알리고 정부에도 대책을 요구하려고
합니다.
세월호 문제도 여전히 해결되지 못하고 남아 있어요.
다음 주에는 우리당 세월호 특위 몇 분과 같이 목
포 신항에도 내려가야 해요. 미수습자 가족들을 만

---

* 화물선 스텔라데이지호가 2017년 3월 31일 남대서양을 항해하다 침몰하면서 22명의
선원이 실종되었다. 정부의 무성의한 수색 작업이 종료되면서 실종자 가족들은 울분을
터뜨려야 했다. 박주민 의원과 실종자 가족은 언론과 새 정부에 지금까지의 대응의 문
제점을 알려나갔고 다행히 2017년 5월 20일 문재인 정부는 농성장에 하승창 사회혁신
수석을 보내 수색 재개와 사고원인 규명을 약속했다.

나서 해수부, 선체조사위원회와 함께 미수습자 수습 문제를 논의해야 되거든요.

집권 여당의 의원이 된 걸 축하드립니다. 대선에서는 어떤 역할을 맡았나요?

박주민 경선 때는 문재인 캠프 인권특보를 맡았고, 경선 뒤 더불어민주당 선대위에서는 법률특보를 맡았어요. 법사위 소속이라 검찰 개혁 같은 공약에도 참여했고요. 그러고는 전국의 유세현장을 따라다니는 역할을 했죠. 지역구인 은평구에서 선거운동을 하는 건 기본이고요.

대략 하루는 전국을 돌고 하루는 은평구에서 활동했어요. 대전, 광주, 부산, 울산, 서울 같은 대도시는 물론이고 사천, 통영, 여수, 순천 같은 곳도 돌았어요. 저뿐 아니라 조응천 의원이나 표창원 의원 등 조금이라도 이름 나 있다는 분들은 전국 곳곳을 다녔죠.

은평구에서는 오전에 출근 인사, 저녁에 퇴근 인사

| 새로운 여정

하는 게 규칙적인 활동이고요. 그사이에는 자전거로 이동하면서 경로당이나 직능단체를 찾아다니죠. 그래도 1년 사이에 얼굴이 좀 알려져서 총선 때보다는 인사드리기가 수월했어요.

정치에 입문한 지 1년 만에 벌써 큰 선거를 두 번이나 치렀습니다. 두 선거 사이에 아무래도 차이가 있겠죠?

박주민 총선이 백병전이라면 대선은 공중전 같아요. 포탄과 미사일이 오가는 전쟁이죠. 저야 졸병이니까 자전거 타고 골목을 누비는 일이 주된 임무였지만요.

어떤 점이 가장 어렵던가요?

박주민 정치 불신, 정치 혐오, 이 둘을 맞닥뜨리는 게 아무래도 힘들죠. 더불어민주당 너네는 빨갱이 아니냐는 불신이 있고, 그리고 이놈이나 저놈이나 다 똑같아서 믿을 수 없다는 혐오가 또 있어요. 이런 유권자와

하필이면 과일노점상 앞에서 대선유세를 하게 돼
시끄럽게 한 것이 죄송해 과일을 샀다.

대화하고 소통하는 게 가장 어렵죠. 노년층은 둘 다를 가지고 있고 청년층은 정치 전반에 대한 혐오가 강해요. 사실 이런 불신과 혐오와 싸우는 게 선거가 아닌가 싶기도 해요.

대선이 총선보다 더 심하더라고요. 특히 어르신들 사이에서요. 총선에서는 국회의원 중에 빨갱이 하나 더 들어가는 건 봐줄 수 있다는 태도라면, 대통령은 한 사람 뽑는 거니 너희 더불어민주당은 안 된다는 비토 정서가 정말 강해요. 이번에 새 정부가 좋은 모습을 보이면 아무래도 그런 정서가 많이 누그러들겠죠.

미디어에서 관심을 갖는 제법 큰 규모의 유세 무대에 서기도 했는데요.

박주민 광주 유세 때나 광화문 유세 때 사회를 보고 신촌 유세에서는 발언할 기회도 있었죠. 사실 좀 떨리기도 했어요. 워낙 많은 시민들이 모이고 열기도 뜨거웠으니까요. 대통령 선거라는 큰 정치행사가 이런 거구

나 하는 것도 실감했죠. 열망에 부응한다는 책임감
에 대해서도 한번 더 생각해보게 되었고요.

부산이나 울산 유세 때 보니까 시민들의 에너지가 정
말 대단했어요. 젊은 층의 지지가 놀라울 정도였죠.
막판에 흑색선전이 난무하면서 보수층 결집이 무섭
게 이뤄졌는데, 그것만 아니었다면 더 좋은 결과가
나왔을 거예요. 영남도 많이 달라졌다는 걸 느꼈죠.

지방 중소도시도 여러 곳 다녔는데 시민들이 잘 알아보시던
가요?

박주민 서울이나 지방이나 마찬가진데, 고령층에서는 저를
전혀 못 알아보시더라고요. 쟤 누구냐, 하는 분들이
많았어요. 정치인들이 왜 인지도에 목매는지 알겠더
라고요.(웃음) 제가 누군지 소개부터 하려다 보면 제
대로 말을 못 건네게 되요. 당연히 주목받지도 못하
고요. 일단, 접니다 하면 상대가 척 알아봐야 이게
통하는데 말이죠. 아무튼 궁여지책으로 이렇게 저렇

| 새로운 여정

게 애쓰면서 많은 것들을 배웠습니다.

그래도 〈무한도전〉에 나와서 그런지 10대 학생들은 많이 알아보더라고요. 사인 요청도 좀 받고요. 얼마 전에 국회에 초등학생들이 견학을 왔는데, 저를 알아보고는 "야, 〈무한도전〉에 나온 박주민이다" 하면서 사진 찍자고도 하더군요. 그 친구들이 어서 커서 유권자가 되어야 제 인지도가 좀 올라갈 텐데 말이죠.(웃음)

화면으로 볼 때는 '찌질해' 보였는데 유세 때 직접 보니 말도 잘하고 괜찮더라고, 청와대 부대변인이 된 고민정 아나운서가 얘기했더군요. 실제 신촌 유세에서 젊은 유권자들 앞에서 발언할 때 보니 예전 운동권 시절 '각'이 나오던데요. 그날 발언 동영상이 온라인에서 청년들에게 인기가 많다고 합니다.

박주민 늦게라도 괜찮게 봐주셨다니 고민정 아나운서에게 감사인사라도 드려야겠네요.

그날 유세에서 발언 기회를 준다기에 사실 사전에

준비를 좀 했어요. 그런데 아무래도 초선이다 보니 발언시간 3분을 1분 30초로 줄이더군요. 짧은 시간이었지만 청년 문제에 대해 누구보다 많이 고민했고, 또 청년들과 더 깊게 공감하고 싶은 마음에 그날 좀 '오버'를 했죠.(웃음) 그래도 진심을 알아주셨다니 다행입니다.

지난 4월 30일 서울 신촌에서 열린 문재인 후보 집중유세에서 박주민이 한 연설이 동영상으로 돌며 화제가 되었다. 그날 박주민은 "청년들이 정말 힘들어하고 괴로워하는 사회가 되었다"며 20대 청년을 대상으로 한 설문조사를 인용하는 것으로 발언을 시작했다. "이들에게 '가장 바라는 한국의 미래상이 무엇이냐' 물었더니 44%의 지지를 받은 1위 답변이, 충격적이게도 '싹 망해버렸으면 좋겠다'였다"고 박주민은 소개했다.

이어서 "사회가 너무도 불공정하고 부정의하고 불평등한데 바뀔 가능성이 없어서 좌절한 청년들은 차라리 이 사회가 망해버렸으면 좋겠다고 절망하고 있다"며 "청년이 꿈을 꾸지 못하는 사회에 미래가 있겠는가, 청년이 도전하지 못하는 사회에 혁신이 있겠는가" 하고 되물으며 "이 사회를 바꿔야 하지 않겠습니까?"라고 호소했다.

그러고는 "저는 '사람이 먼저'라는 정신으로 살아온 사람이 문재인 후보라고 생각한다"며 "청년들이 절망하는 이 사회를 싹 바꾸기 위해서 문재인 후보를 대통령 만들어준 뒤 5년간 실컷 부려 먹자"라고 말해 청년들로부터 커다란 환호를 받았다.

장미 대선이기도 했지만 사실 촛불 대선이었습니다. 광우병 촛불, 백남기 농민 민중궐기, 세월호 참사, 이번의 탄핵 촛불 정국, 이 모든 사건의 한가운데 있었는데, 그런 광장의 열기가 선거로 온전히 이어졌다고 보나요? 아니면 선거는 선거일 뿐이던가요?

박주민 정권교체의 염원과 열망이 분명 있었죠. 결과로도 어느 정도 드러났다고 보고요. 하지만 탄핵을 요구했던 목소리가 다 똑같지는 않았잖아요. 정치적으로 보면 더불어민주당, 국민의당, 정의당, 바른정당으로 나뉠 수밖에 없는 거고요. 선거 국면에서는 이런 잠복된 구조가 서로 간의 차이로 드러나면서 촛불 때보다는 정치적 집중도가 떨어진 것 같아요. 어쩌면 당연한 거죠.

그래도 확실한 야당을 지지해서 정권을 교체해야 한다는 전반적인 흐름은 이어졌다고 봐야죠. 광장의 목소리가 투표소의 한 표로 이어지는 과정이 그리 쉽지만은 않다는 것을 느꼈습니다. 선거에는 선거 고유의 메커니즘이 있는 것 같아요.

더불어민주당의 저력을 보여준 선거였습니다. 경선 과정에서의 잡음도 본선에서는 전혀 느낄 수 없었고요. 동력이 뭐였을까요?

| 새로운 여정

박주민 세 가지 정도로 꼽을 수 있을 거 같아요. 촛불 민심에 대한 책임감, 더불어민주당 의원 자신들의 열망, 그리고 문재인이라는 좋은 후보. 이것들이 서로 결합하면서 화학적 상승작용을 일으켰고 내부 결속력도 높였다고 봅니다. 제가 정당에서 직접 겪은 대선은 처음이라 비교할 만한 경험이 있는 건 아니지만, 책임감과 열망과 후보가 한데 잘 어우러진 선거였다는 건 분명해요.

당선 당일 밤 광화문에서 시민들 앞에 늘어선 문재인, 박원순, 김부겸, 추미애, 이재명, 최성, 안희정의 그림은 보는 사람을 흐뭇하게 만들기에 충분했습니다. 그날 사회 보면서 직접 그 장면을 보았을 텐데, 더불어민주당이 이대로 순항할까요?

박주민 김대중 정부와 노무현 정부 때 한번 경험해봐서 과거와 같은 우를 쉽게 범하지는 않으리라고 봐요. 시민들이 한겨울 내내 촛불을 들고 소중하게 만들어준 정권이라는 걸 국회의원부터 자치단체장이나 시

의원들까지 다들 잘 알고 있어요. 이번엔 분명 다를 겁니다.

당원을 비롯한 지지자들도 그때와 다르다고 생각해요. 뭐랄까, 훨씬 적극적이고 냉철해진 거 같아요. 다만 좀 더 끈기와 인내를 가지고 지켜보며 지지해주십사 하고 부탁드리고 싶어요.

1987년과 1997년 이후 20년 만에 만들어진 다자구도 대선이었는데 이번에 나온 득표율과 분포 모두 의미가 있어 보입니다. 지역과 세대에서 '고른 지지'를 받은 편이죠. 지표상으로도 이번에 더불어민주당이 많은 걸 얻었습니다. 지지 세대 확장, 호남 지지층 복원, 전통적인 수도권 지지 확인, 늘어난 영남 지지, 강남에서의 선전이 그렇죠. 하지만 승리는 오래가지 않는 법이기도 합니다. 어떻게 해야 할까요?

박주민 '이번엔 다를 거야'라는 시민의 기대에 '정말 다르구나'라는 모습을 보여줘야 합니다. 그래야 정치 혐오, 정치 불신이 줄어들 거예요. 이명박, 박근혜 정부에 실망한 시민들이 더불어민주당은 다른 정치를 보여 주리라는 기대에 차 있습니다.

물론 개혁의 성과가 바로 나오지는 않을 겁니다. 그렇기 때문에 그 과정에서 끊임없이 시민들과 소통해야 하는 거죠. 의견을 구하고 경청하고 거기에 대한 진행 과정을 말해 드려야 합니다. 적극적인 피드백이 있어야 해요. 이건 이래서 어렵다, 그러니 이렇게 하겠다, 좀 기다려 달라 하며 계속 소통해야 합니다. 개혁이 어려운 상황에 놓이면 대중에게 이렇게 어려운 지경에 있다고 솔직하게 얘기해야 한다는 거죠.

쉽게 결과를 내려고 문제가 해결되지 않은 사안을 그대로 봉합하거나 마무리하면 안 된다고 봐요. 어려우면 어려운 대로, 시간이 걸리면 걸리는 대로 시민들에게 그렇다고 말하며 소통하는 리더십이 필요합니다. 그렇게 하면 시간이 좀 지나면서부터는 하나둘 성과도 보이고 새 정부도 안정될 거라고 봅니다. 우리 의원들이 먼저 '달라진 정치'의 모습을 보여야 한다고 생각해요. 더불어민주당의 이번 정부가 '참여

정부 시즌2'가 될지도 모른다는 우려를 넘어 역사상
가장 유능하고 깨끗한 정부가 될 수 있다고 봐요.

명예로운 시민혁명을 통해 만들어진 정부나 마찬가지입니다.
아직까지는 무사히 왔습니다. 박근혜는 구속돼 재판중이고
정권교체가 이루어져 개혁적인 정부를 탄생시켰으니까요. 하
지만 개혁 입법, 선거법 개정과 개헌 등이 아직 남아 있습니다.

박주민 개혁은 제도로 완성되는 거죠. 검찰, 언론, 재벌이 달
라지려면 법을 고쳐야만 합니다. 하지만 입법 과정은
국회에서 풀어야 하는데 의석수는 여전히 그대로이
죠. 야당은 완고한 방어 태세로 들어갈 테고 개혁의
성과를 내기가 어려울 수 있어요.
하지만 불가능하지도 않습니다. 집권당인 우리가 권
력을 쥐고 오만한 태도를 보이는 게 아니라, 우리가
먼저 권력을 내놓겠다는 자세로 나가면 의외로 협상
력이 생길 수 있어요. 검찰이나 국정원 같은 권력기
관 개혁은 그런 자세를 보이면 수월하게 결과를 낼

수 있을 겁니다. 언론도 마찬가지죠. 우리는 언론 장
악 안 하겠다는 식으로 협상하는 겁니다. 야당 때는
권력을 내놓으라고 요구했지만, 이제 우리가 권력을
내려놓는다고 하면 야당과의 협상력이 높아진다고
봅니다. 개인적으로 법사위 소속이니 검찰 개혁 등
사법 개혁 쪽에 중점을 두고 활동할 텐데, 저도 그런
자세를 유지하려 하고요.

여당으로 위치가 바뀌었습니다. 앞으로의 활동에 어떤 영향
을 끼칠까요?

박주민 그렇지 않아도 여당 의원 노릇은 어떻게 해야 되는
건지 주변의 선배 의원들한테 자문을 구하고 있어
요.(웃음) 출퇴근 길에 읽는 책도 좀 달라지네요. 요즘
은 영국 복지제도를 만든 인물들에 관한 책《복지국
가를 만든 사람들》(인간과 복지, 2014)을 읽습니다.
그렇지만 시민사회와 정치권의 가교 역할을 하는 기
본적인 제 일은 바뀌지 않을 겁니다. 오히려 여당은

힘이 있으니 시민사회의 요구를 잘 받아들여 정책을 만들어내도록 더 애써야죠. 그래서 인권, 노동단체 토론회에는 빠짐없이 모두 참석하려고 해요. 여당이라고 거기 가서 욕먹더라도 같이 고민하려고 합니다. 시민단체에도 비판하는 것만으로 자신의 역할을 다 했다고 여기지 마시고 우리와 같이 의미 있는 결과를 만들어낼 방법을 모색해주십사 부탁드리려고요. 시민단체도 이 정부에 대한 기대가 분명 있을 테니까요. 양쪽 모두에서 눈치를 먹을 확률이 크긴 하지만 그래도 그 사이에서 제가 좋은 '다리' 역할을 해야죠. 우리당이나 정부도 때에 따라서는 비판적 시각으로 바라볼 겁니다. 그래야 '다리' 역할을 할 수 있겠죠.

후원회장이 민정수석이 됐습니다.

박주민 기본적으로 검찰개혁의 청사진을 가지고 있는 분입니다. 우리당의 혁신위원도 지낼 정도로 정무적인 판단도 뛰어난 분이시고요. 실무 경험이 부족하다고

염려하는 이들도 있던데 주변에 도와줄 분들이 워낙
많기 때문에 문제없다고 봅니다.

여전히 새벽에 출근하나요?

박주민 그럼요. 5시 반에 집에서 출발하면 국회에 5시 55분
에 도착합니다. 아침 라디오 방송 출연 같은 게 없는
한 매일 의원회관 지하에 있는 체력관리실에서 운
동하고 샤워하죠. 제가 사는 아파트 헬스장보다 장
소가 좁지만, 그래도 사람이 많지 않아서 좋아요. 그
시간 즈음에는 많아야 5명 정도만 이용하니까요.

새 정부 들어서고 일상에 좀 변화가 있나요?

박주민 아직까진 없습니다. 그대로예요. 강연 요청이 많이
와서 이번 주에도 광주를 비롯한 지방에 두 차례나
다녀와야 합니다. 대학과 청년 단체에서 요청이 많은
데 주로 인권, 민주주의, 청년 문제 같은 주제가 많아

요. 부르시면 달려가서 열심히 듣고 말하고 그럽니다.
개인적인 공부도 진행 중입니다. 이번 정부 다음에는
어떤 내용을 준비해야 하나, 어떤 시대정신을 예비해
야 하나, 이런 것들요.

열심히 사는 모습이 보기 좋습니다.

박주민 유세 다니면서 문재인 후보의 손을 여러 번 보았어
요. 셔츠 소매를 올리면 손목과 팔뚝 여기저기가 드
러나는데 여기저기 울긋불긋하게 피멍이 들어 있더
군요. 양손 다 그래요. 어떤 간절함, 책임감, 그런 것
이 또렷했어요. 그런 말씀도 하셨어요. 우리가 이번
에 못해낸다면 역사에 죄를 짓는 것이라고 말이죠.
그러니 죽을힘을 다해 최선을 다해야 한다고요.
절치부심이 뭔지 알았어요. 지금까지보다 더 열심히
살아야겠다고 생각했어요.

| 새로운 여정

농담으로 술자리에서 누가 그러더군요. 정치친화적인 이름들이 있다고. '조국', 유'시민', 박'주민', 김'대중' 같은. 기둥 주柱에 백성 민民 자 쓰죠?

박주민 제 이름이 저는 좋아요. 어렸을 때부터 좋아했어요. 상대가 기억하기도 쉽고요. 우리 은평구 '주민'분들도 제 이름을 좋다고 그러세요.

내년에 또 선거입니다. 누가 후보가 될지 모르지만, 서울시장 선거를 도와 달라고 하겠죠.

박주민 (아이고) 지금 마음 같아서는 선거고 뭐고 너무 힘들어서…. 그래도 닥치면 또 열심히 하겠지만요.(웃음)

선거는 끝났지만 세상에서 가장 가지런하고 평화로운 시민혁명이 여전히 진행 중이다. 그 덕에 많은 것들이 제자리로 돌아오고 있다. 세월호 참사 때 제자들과 운명을 함께한 기간제 교사 김초원·이지혜 선생님은 지난 스승의 날에 2학년 3반과 7반의 '진짜 선생님'이 되었다. 새 정부의 대통령은 "고인의 명예를 존중하며 유가족을 위로하는 것이 마땅하다"고 말했다. '명예'와 '위로'와 '존중'이라는 말도 제자리를 찾았다. 더 많은 것들이 곧 제자리를 찾을 것이다.

새로운 여정

사람과 사랑

변호사로 만나 부부가 된 탓에 서로를 '박변' '강변'이라 부른다. 박변은 3자에게 강변을 지칭할 때 '짝꿍'이라 한다. '박변'은 민변에서 일하다 국회로 왔고 '강변'은 민주노총 법률원에 소속되어 지금은 전교조에서 상근변호사로 일한다. 결혼 10년차인데 하늘을 제대로 못 봐 여태 별을 따지 못하고 있다.

살면서 사람들한테 도움을 받기도 하고 상처를 받기도 합니다. 물론 우리가 주기도 하죠. 잊을 수 없는 사람들이 있겠죠?

박주민 땀을 쏟아내며 인형 탈(도라에몽 마스크)을 쓰고 선거운동을 도와준 세월호 유가족 분들이 먼저 떠오르네요. 영석이 아빠와 경빈이 엄마는 유세 때마다 땀에 흠뻑 젖도록 안무를 하셨어요. 영석이 엄마는 새벽부터 선거사무실에 나와 청소하고 전화를 돌렸고요. 처음 선거 사무소 개소식에 오실 때 노란 팔찌나

예은아빠 유경근
@snk21c

⚙ 🔒 팔로우

은평갑에서 먹고자며 온갖 궂은 일 도맡았던 영석아빠, 창덕님, 영록님 세 분.
애들 위한 일이라면 몸 쓰는 일은 뭐든 다 해낼거니까 걱정 말라는 말 한마디 남기고 동거차도로 떠났습니다....

오후 7:39 - 2016년 4월 14일

리본 같은 것들 일부러 하나도 안 하고 오셨어요. 세
월호 변호사라는 딱지 때문에 표 떨어질까 봐, 그런
데까지 마음을 써주신 거죠.

고인이 된 김관홍 잠수사는 선거운동 때 운전을 맡
아주었습니다. 사실 둘이 동갑내기라 서로 잠수사
님, 변호사님 하면서 많은 얘기를 나눴어요. 목소리
크게 내라, 고개 더 숙여 인사해라 하며 시어머니 같
은 잔소리로 챙겨준 덕에 선거기간 내내 긴장을 늦
출 수 없었죠. 그렇게 허망하게 가다니 지금도 믿어
지지 않습니다.

그분들 덕에 기적이 만들어졌고 국회의원이 될 수
있었다고 생각해요. 평생 잊을 수 없는 마음의 빚으
로 남을 겁니다.

박주민 의원의 말에 따르면, 세월호 참사 현장에서 수색 작
업을 하느라 허리와 목에 부상을 입고 정신적 트라우마까
지 생긴 김관홍 잠수사는 더 이상 잠수 일을 하지 못한 채

대리운전으로 생계를 꾸려야 했다. 세월호 수색 작업에 참여한 이후 밤에 쉽게 잠들지 못했기 때문에 늦은 시간까지 몸을 고단하게 굴린 뒤에야 겨우 잠들 수 있었다고 한다. 은평구에서 오래 살았던 김관홍 잠수사는 선거 운동 기간에도 가장 힘든 일을 가장 늦게까지 도맡았다. '세월호 의인'으로 불리는 김관홍 잠수사는 2016년 6월 17일 부상과 트라우마와 후유증에 시달리다 아내와 어린 세 자녀를 남긴 채 심장 쇼크로 세상을 떴다. 소설가 김탁환은 김관홍 잠수사를 모델로 한 소설 《거짓말이다》를 썼다. 박주민 의원이 발의한 '김관홍잠수사법'(민간잠수사도 세월호 피해자에 포함하자는 '세월호참사 피해지원특별법 개정안')은 논의도 제대로 못한 채 1년 넘게 국회에 계류되어 있다.

본인한테 상처를 받은 누군가도 있을 겁니다.

박주민 20대 때 대학이나 군대에서 주변의 여러 동료들에게 상처를 줬었습니다. 지나치게 제 위주로 살지 않았나

후회가 돼요. 학생운동 하다보면 힘들거나 지칠 때도 있고 그런 건데, 그런 모습을 보이는 후배들을 많이 다그쳤어요. 왜 그것밖에 못하느냐고. 너만 힘든 거 아닌데 왜 그리 티를 내고 잠수 타고 그러냐며 냉정하게 비판만 했지 따듯하게 보듬어주질 못한 게 두고두고 후회가 됩니다. 살아보니 그럴 수 있는 거고, 그게 긴 운동의 관점에서 보면 그리 큰 문제도 아닌데 말이죠.

군대 생활 때도 마음에 걸리는 일들이 한두 가지 있어요. 제가 선거에 나온 뒤 군 생활을 같이했던 어떤 분이 인터넷에 글을 올린 적도 있는데, 소대장에 부임되어 처음 가봤더니 고참과 신참이 불공정하게 경비근무를 서고 있는 거예요. 좀 편한 초소는 고참들이 들어가고 힘든 데는 신참들이 도맡고 있기에, 그걸 고치느라 고참들하고 날선 신경전도 벌이고 그랬어요. 나중에는 오해도 풀리고 다들 잘 받아들여줘서 분위기도 좋아졌지만 제가 너무 원칙을 앞세운 면이 있었어요. 깐깐한 소대장이라고 그때 욕도 좀 먹었죠. 서두르지 말고 천천히 다가가면서 상대를 존중하고 하나씩 문제를 풀어갔어야 하는데 제 고집과 원칙만 너무 앞세웠죠. 상처 받았을 동료와 후배들에게 두고두고 미안한 마음입니다.

만나서 다행이다 하는 사람도 있나요?

박주민 짝꿍인 아내를 만난 게 제 인생에서 가장 잘한 일인 것 같아요. 살아오면서 중요한 기로에 섰을 때마다 용기와 위로를 주었어요. 냉정한 조언도 해줬고요.

지나치게 이상적인 커플이라는 주위 평도 있던데요?

박주민 좋게 봐주시는 거고요. 사실은 같이 있는 시간이 별로 없어서 짝꿍이 많이 외로워합니다. 특히 국회에 오고 나서는 매일 새벽에 나와서 밤에 들어가고, 들어가면 기절하는 수준으로 쓰러지니 함께 보낼 시간이 거의 없는 거예요. 어제도 일요일이었는데 지역구

잠잘 시간이 부족한 것은 사실이지만,

아무데서나 잘 자는 '특기'를 가졌다.

일정 때문에 종일 돌아다니다 밤에 들어오며 전화했더니 짝꿍도 그 시간까지 전교조 사무실에 있더라고요. 집에 들러 일할 짐 챙겨서 전교조 사무실로 제가 갔습니다. 거기 가서 서류 펴놓고 옆에서 끝날 때까지 같이 일하다 새벽 1시 넘어서 왔어요. 가끔 그렇게 하는데 그거라도 해달라고 그러니, 그것까지 안 할 수는 없잖아요. 도저히 피곤해서 앉아 있기 어려울 때는 전교조 사무실 소파에 누워 그냥 잠든 적도 많아요. 잠은 아무데서나 잘 자니까요.

아이들과 같이 살고 싶은 생각도 들잖아요?

박주민 두셋을 꿈꿨는데 이젠 하나라도 있으면 좋겠어요. 올 연말에는 짝꿍이 당분간 휴식을 가지기로 해서 살짝 희망을 품고 있습니다. 2014년 봄 이후로 저는 저대로 정신이 없었고, 짝꿍도 지난 이명박, 박근혜 정부에서 전교조를 집요하게 괴롭힌 탓에 너무 바빴거든요. 우리 사회에 평화가 와야 우리 가정에도 평화

가 오는 것 같아요.(웃음)

살림집은 어디인가요?

박주민 은평구 역촌동에서 보증금 1억에 월세를 살고 있어
요. 그전엔 신당동에서 살았는데 공천이 늦어지는
바람에 좀 급하게 옮겨 왔습니다.

표창원 의원이 '거지'가 '신사'보다 재산이 많다며 놀렸다기에
국회 공직자윤리위원회가 공개한 재산 내역을 한번 들여다봤
습니다. 배우자 포함해서 신고했던데, 신사는 3억이고 거지는
5억이더군요.

박주민 표 의원님이 인터넷 방송에 같이 출연했을 때 실제
그렇게 놀리신 적이 있어요.(웃음) 로펌에 있을 때 좀
벌어둔 돈과 부모님의 도움 등으로 구입한 신당동
아파트하고 지금 월세 보증금하고 합해서 그 정도
됩니다. 짝꿍은 아직까지 열심히 자신의 빚을 갚고

있어서 별 게 없고요.

부부가 다 40대의 변호사인 걸로 치면…. 지금의 소득에 만
족하나요?

박주민 로펌 나온 뒤로는 보통 월급쟁이처럼 살았어요. 하지
만 내가 원하는 활동을 하니 만족감은 급상승했죠.
삶의 만족은 두 측면에서 다 봐야 할 것 같아요. 경
제적 측면과 인정의 측면 둘 다요. 인정 욕구가 충족
되면 수입이 좀 나빠도 괜찮다는 이론도 있지 않나
요? 제 경우가 그런 것 같아요. 짝꿍이 전교조 상근
변호사라 많지는 않지만 그래도 안정적 수입이 있어
서 민변 상근 결정할 때도 조금도 두렵지 않았어요.
짝꿍도 그런 거 염려 말라며 응원해줬고요.
다만 노트북이나 필기구 같은 건 좋은 걸로 삽니다.
일하는 데 쓰는 생산도구라고 여겨 좀 투자하는 거
죠. 운전면허는 있지만 지금까지 자가용 승용차를
한 번도 가져본 적이 없어요. 그런데 이제는 나이도

좀 들어서 그런지, 몸이 너무 피곤하니까 전기 안마 의자 같은 건 하나 사고 싶다는 생각이 가끔은 들더 라고요. 짝꿍과 따듯한 휴양지로 여행도 한번 가보 고 싶고요. 언제가 될지는 모르겠지만요.

해외여행은 자주 다니나요? 가장 최근에 간 게 언제 어디였 나요?

박주민 3년 반 전에 어머니 칠순 기념으로 가족들과 사이판 에 간 게 마지막 해외여행이었어요. 아, 정말 아는 사 람 별로 없는 곳에 가서 맘 편히 쉬고 싶어요.

더불어민주당이나 국회에서는 사람들과 좀 쉽게 친해지던가 요, 아니면 그 반대인가요?

박주민 제가 줄 서는 걸 잘 못합니다. 민변에서도, 왕따는 아 니었지만 육두품이라고 불렸어요. 그래서 좀 외롭기 도 했죠. 선배들한테 술 사달라고도 좀 하면서 엉기

고 그래야 하는데, 그게 잘 안 돼요. 그래서 사무차
장도 늦게 된 편이에요. 하지만 또 소신 있게 발언하
고, 형편 바뀌었다고 쉽게 변하지 않으니까 나중에
는 선배나 동료들이 알아주기도 하더라고요.

국회 들어와서도 그래요. 딴짓 안 하고 제 할 일 똑
부러지게 하면 옆에서 도와주시고 격려도 해주시고
그러더라고요. 외로움에 잘 견디는 것, 끈기 있게 잘
버티는 것, 성실하게 자기 일 하는 것 등은 자신 있
어요.

믿고 따르는 스승은 있나요?

박주민 스승과 제자라 할 만한 사이는 없는 것 같고요. 서울
대의 한인섭 교수님과 조국 교수님*이 과분하게 신
경을 많이 써주세요. 학교 때 스승제자 사이도 아니

---

* 2017년 5월 12일 조국 교수는 문재인 정부의 청와대 민정수석을 맡게 되었고 동시에
박주민 의원의 후원회장을 그만두었다.

었는데 말이죠. 조국 교수님도 공천되고 나서야 찾
아뵙고 후원회장을 맡아주십사 부탁드린 거예요.

보도 프로나 시사 프로 외에 〈무한도전〉 같은 예능 프로에도
나오던데, 의외로 예능감도 있어 보입니다. 출연 기준 같은 게
혹시 있나요?

박주민　우선 단지 제 이름을 알리기 위한 목적만으로는 출
　　　　연하지 않으려고 해요. 뭔가 제가 알거나 경험한 것
　　　　가운데 많은 사람과 공유할 것이 있고, 또 해당 프로
　　　　그램이 그런 공유에 적합하면 출연하겠다고 하죠.
　　　　예능감이 있어 보인다고 하셨는데 사실 농담도 꽤
　　　　잘하는 편입니다. 대학생 때는 유머 있는 남자가 세
　　　　상을 지배한다는 정신으로 유머 연습에 매진한 적
　　　　도 있어요.(웃음)

　　　　　　　　　　　　　｜ 사람과 사랑

마지막 질문입니다. 문재인 대통령이 잘할 거 같은가요? 경계
해야 할 것은 무엇이 있을까요?

박주민 여러모로 어려운 상황이지만 많이 준비했으니 잘하
시리라 믿습니다. 박근혜 정부의 허송세월 4년으로
경제는 엉망이잖아요. 외교적으로도 운신의 폭이 너
무 좁아졌고요. 이렇게 안팎으로 어려운데 시민들의
사회변화 욕구는 거의 87년 수준으로 보입니다. 기
득권의 저항은 여전히 만만치 않을 테고요. 객관적
상황과 주관적 희망 사이의 간극이 어느 때보다 큽
니다.
저를 포함한 많은 지지자들이 힘껏 돕겠지만, 아마
고생을 많이 하실 거예요. 그래도 원래 설정했던 방
향을 포기하지 말고 가야 합니다. 촛불의 민심이 가
리키던 그 쪽으로 말이죠.

짐작하듯이 박주민은 똑똑한 사람이다. 정의감이 있는 사람이고 무엇보다 성실한 사람이다. 이 많은 시민들 가운데 그런 사람은 사실 흔치 않다. 그리고 그를 지명하고 호명해서 국회로 이끈 시민들의 혜안도 훌륭했다.

서울의 변두리 시냇가에서 뛰어놀며 《서유기》를 읽던 아이에서 깨알같이 글씨를 적어가며 공부하던 고등학생으로, 그리고 철거민과 함께 온종일 눈을 맞으며 구청장 면담을 요구하던 운동권 법대생으로, 세월호 유가족과 광화문 천막에서 함께 눈물 흘리던 거리의 변호사로, 소추위원으로 박근혜 탄핵 재판정에 선 초선의원으로 성장하고 진화했다. 이제는 시민들과 함께 '정치의 봄'을 알리기 시작했다.

| 사람과 사랑

1973년 서울에서 태어났다.

1992년 대원외국어고 중국어과를 졸업했다.

1998년 서울대학교 법학과를 졸업했다.

2003년 45회 사법시험에 합격했다.

2006~2011년 법무법인 '한결'에서 변호사로 일했다.

살아온 길

2012년 법무법인 '이공'에서 변호사로 일했다.

2012년 '민주사회를 위한 변호사 모임'의 사무차장을 맡았다.

2014년 세월호 유가족 법률대리인을 맡았다.

2015년 참여연대 부집행위원장을 맡았다.

2016년 20대 국회의원(은평구갑/더불어민주당)에 당선됐다.

우리 곁에 별종이 왔다

책상 위에 감기약이 가득했다.

의원회관 544호실, 처음 그의 방에 들어갔을 때 책상 위 널브러진 약 봉투들이 먼저 눈에 들어왔다. 거지 치고는 키도 컸고 옷매무새도 단정했다. 말투도 손짓도 공손하기 그지없었다. 소매를 걷어 올려 드러난 팔뚝의 심줄이 거리의 변호사다운 투쟁심을 증명하는 것 같았다.

겨울에서 봄으로 가는 길은 좁고 멀었다. 촛불의 단심이 도시의 바람길을 메우는 날이면 유독 이야기가 끊기곤 했다. 헌법이든 선거든 뭐든, 입에서 귀로, 귀에서 다시 손으로 이어지는 모든 말들에는 뱃고동 같은 울림이 꽂혀 있었다.

별난 사람이다. 바람을 먹고 이슬에 잠자는 초인은 해방 전의 로망이다. 아스팔트를 꽃방석처럼 깔고 앉아 연좌하는

226

변호사는 80년대의 흑백사진에서나 볼 법하다. 세련된 가죽 손가방 대신 백팩을 지게처럼 지고 다니는 국회의원이란 아무래도 낯설다. 감기약을 달고 사는 피로의 제왕은 그러나 대중을 설레게 한다.

꽃도 풀도 움트니 새봄이 왔다. 우리 곁에 별종도 왔다.

2017년 6월, 이일규

| 엮은이 후기

국립중앙도서관 출판시도서목록(CIP)

별종의 기원 : 부끄러움을 과거로 만드는 직진의 삶 / 지은
이: 박주민 ; 엮은이: 이일규. ─ 파주 : 유리창, 2017
    p. ;   cm

ISBN 978-89-97918-22-5 03340 : ₩12000

한국 정치[韓國政治]
한국 사회[韓國社會]

340.4-KDC6
320.02-DDC23   CIP2017013755

이 도서의 국립중앙도서관 출판예정도서목록(CIP)은 서지정보유통지원시스템 홈페이지
(http://seoji.nl.go.kr)와 국가자료공동목록시스템(http://www.nl.go.kr/kolisnet)에서
이용하실 수 있습니다.(CIP제어번호: CIP2017013755)

별종의 기원

1판 1쇄 인쇄 2017년 6월 15일
1판 1쇄 발행 2017년 6월 20일

지은이 박주민
엮은이 이일규
펴낸이 우좌명
펴낸곳 출판회사 유리창
출판등록 제406-2011-000075호(2011.3.16)
주소 10881 경기도 파주시 문발로 115 세종출판타운 402호
전화 031-955-1621
팩스 0505-925-1621
이메일 yurichangpub@gmail.com

© 박주민 이일규 2017

ISBN 978-89-97918-22-5 03340

＊ 책값은 뒤표지에 있습니다.
＊ 잘못된 책은 구입한 곳에서 바꿔드립니다.